河南省甘薯产业关键实用技术

杨育峰　程泽强　卞倩倩　主编

中原农民出版社
·郑州·

图书在版编目(CIP)数据

河南省甘薯产业关键实用技术/杨育峰,程泽强,卞倩倩主编.—郑州:中原农民出版社,2024.4

ISBN 978-7-5542-2965-1

Ⅰ.①河… Ⅱ.①杨… ②程… ③卞… Ⅲ.①甘薯-农业产业-产业发展-研究-河南 Ⅳ.①F326.11

中国国家版本馆 CIP 数据核字(2024)第 076704 号

河南省甘薯产业关键实用技术

HENANSHENG GANSHU CHANYE GUANJIAN SHIYONG JISHU

出 版 人:刘宏伟
策划编辑:段敬杰
责任编辑:苏国栋
责任校对:张晓冰
责任印制:孙 瑞
封面设计:杨 柳
版式设计:薛 莲

出版发行:中原农民出版社
　　　　　地址:河南自贸试验区郑州片区(郑东)祥盛街 27 号 7 层
　　　　　邮编:450016
　　　　　电话:0371-65788651
经　　销:全国新华书店
印　　刷:河南省邮电科技有限公司
开　　本:787mm×1 092mm　　　　　1/16
印　　张:9.5
字　　数:211 千字
版　　次:2024 年 4 月第 1 版
印　　次:2024 年 4 月第 1 次印刷
定　　价:99.00 元

本书作者

主　编　杨育峰　程泽强　卞倩倩

副主编　王雁楠　康志河　王　爽　杨　慧

　　　　乔守晨　乔　奇　曹世娜　杨国红

　　　　马政华　周　鼎　张正灿　黄　凌

参　编（按姓氏笔画排序）

　　　　王永江　王红梅　王继红　尹雨萌

　　　　田雨婷　李　萍　李亚蔚　吴仁海

　　　　张德胜　赵付枚　赵国瑞　赵侠科

　　　　曹郭郑　崔国梅　韩俊豪　谢永康

序

甘薯起源于南美洲,是重要的粮食作物及工业原料作物。我国是世界甘薯生产第一大国,已有400多年的种植历史,近几年种植面积稳定在300万公顷左右,约占世界甘薯种植面积的1/3。随着甘薯新品种的利用和栽培技术的改进,我国甘薯单产持续上升,目前接近世界平均水平的2倍。甘薯具有高产稳产、适应性强等特点,不仅营养丰富,还具有保健作用;既是传统食品,又是现代人追求的功能性健康食品;还是保障我国粮食安全和食品安全的重要作物。同时,发展甘薯产业对于调整农业结构、促进农民增收、助力乡村振兴等具有重要的意义。

河南是我国的农业大省,甘薯种植面积在北方薯区最大,在全国名列前茅。近年来,河南省甘薯产业发展较快,在农业产业结构调整和供给侧结构性改革中越来越受重视,多地陆续将甘薯产业列入重点发展产业。在河南省各项政策的大力支持下,随着甘薯新品种、新技术的应用及推广,河南省甘薯整体生产技术水平不断提高,产业化程度逐步增强,但不同地区甘薯种植管理水平、产后加工技术等参差不齐、发展不平衡,部分甘薯从业者对先进技术的掌握仍不够及时和全面,缺少较规范、统一的甘薯生产加工技术规程或标准。国家甘薯产业技术体系建设自启动以来,育成了一批优质高产甘薯专用品种,研发了系列高产高效栽培技术,机械化生产水平和病虫害防控技术水平明显提升,加工技术不断创新发展。我长期从事甘薯新品种选育及示范推广工作,经常与薯农朋友们接触,深知薯农朋友们在甘薯生产中的技术需求,也真心希望甘薯产业技术体系的新成果、新技术能真正应用到甘薯实际生产中,帮助薯农朋友们解决难题,促进甘薯产业发展。国家体系河南省岗站专家曾多次与我提到想引进和应用最新体系技术成果,编写一本适合河南省甘薯产业的书籍,全面提升河南省的甘薯生产技术水平,这是非常有意义的。

《河南省甘薯产业关键实用技术》一书内容丰富,实用性较强,兼顾了科学性和系统性,对目前河南省甘薯产业发展所需的主要技术进行了较全面的介绍。该书将国家甘薯产业技术体系新品种、新技术、新模式与目前河南省甘薯产业的实际需求紧密结合，对甘薯从业者有较强的指导和参考作用，有助于进一步促进河南省甘薯产业的健康、快速发展，更好地发挥甘薯产业在河南省农业现代化建设中的重要作用。

国家甘薯产业技术体系首席科学家

2024 年 1 月 18 日

前　言

甘薯是世界卫生组织推荐的健康食品,兼具粮食、经济作物的功能,用途广泛,已成为世界上重要的粮食、饲料及工业(食品)原料、新型能源、保健及园艺作物,广泛种植于世界上110多个国家或地区。目前,我国是世界上最大的甘薯生产国,除少数高寒地区外,全国各地均有种植,总的种植面积和产量分别约占全球的30%和60%。甘薯生产在我国国民经济中一直占有重要的地位,对应急救灾和保障国家粮食安全的作用不容低估。改革开放前,我国甘薯种植面积曾经超过1 000万公顷,是当时非常有效的救灾度荒作物。近年来,甘薯种植效益不断提高,在农业产业结构调整和供给侧结构性改革中越来越受重视,逐渐成为发展特色产业、助力乡村振兴的优势作物。

河南省地处从北亚热带向暖温带过渡的区域,具有较好的区位优势和自然生态条件,适宜甘薯生长,是全国重要的甘薯种植省份。近几年,河南甘薯种植面积维持在500万亩左右,甘薯品种主要以淀粉型品种和鲜食型品种为主。近年来,随着人们饮食消费结构的改变,甘薯作为一种健康食物越来越受到消费者的喜爱。鲜食型甘薯需求日益增加,种植面积也不断扩大。淀粉型甘薯的种植面积虽然略有下降,但其作为传统的优质淀粉原料,仍然有较大市场。2022年,河南省发布了《河南省酸辣粉产业发展行动计划(2022—2025年)》,支持酸辣粉产业健康快速发展,打造全国酸辣粉知名生产基地,并提出要提升酸辣粉原料供给水平,开展淀粉型甘薯等高产栽培技术试验示范和集成配套,发展优质高产淀粉型甘薯品种,到2025年,河南将建设10个以上原料供应基地。

虽然河南省甘薯产业发展形势整体向好,但仍存在诸多问题。第一,河南省甘薯种薯种苗供应市场不规范,缺少具备较强生产能力和较大规模的健康脱毒种薯种苗生产和供应企业。第二,河南省甘薯生产以小农户种植方式为主,种植管理技术较落后,难以形成区域化、标准化、产业化的生产模式。第三,甘薯生产过程中劳动强度大、种收机械化程度较低,但农村劳动力成本却越来越高,因此急需高效的配套机械,以及农机农艺相结合的标准化、轻简化、机械化高效栽培技术。第四,甘薯生长过程中易遭受病虫草害等生物灾害和高温、干旱、洪涝、霜冻等非生物灾害的威胁,生产者防灾减灾意识及技术较缺乏,给甘薯生产造成较大经济损失。第五,河南省甘薯加工主要以淀粉、粉条(丝)、粉皮等传统食品为主,缺乏较先进的加工技术与设备,以及高附加值的深加工产品。

本书围绕当前河南省甘薯产业面临的关键问题,从河南省甘薯生产实际和重大需求出发,系统地总结了河南省甘薯产业关键实用技术,旨在为河南省甘薯生产提供新的、实用的技术方案,促进河南省甘薯高产、优质、绿色、高效、安全生产,并为河南省甘薯的进一步开发应用及产业链的延伸提供参考。全书共分七章,第一章介绍了河南省甘薯产业概况;第二章介绍了甘薯健康种薯种苗繁育技术;第三章介绍了甘薯栽培关键技术;第四章介绍了甘薯主要病虫草害及其综合防控技术;第五章介绍了甘薯主要气象灾害及防灾减灾技术;第六章介绍了甘薯科学储藏技术;第七章介绍了甘薯主要加工产品及生产技术。

本书内容丰富、语言简练、图文并茂,可供甘薯科研工作者、农技推广人员、广大农户和有意向参与甘薯生产和加工等相关从业人员学习参考。

在本书编写过程中,承蒙多位专家和相关单位的大力支持,在此向所有给予支持和帮助的专家、单位和出版者一并表示衷心感谢。同时,本书涉及内容广泛,鉴于时间和水平有限,书中难免有遗漏和错误之处,敬请广大同行专家和读者批评指正。

编 者

2023 年 12 月

目 录

第一章　河南省甘薯产业概况

甘薯具有产量高、抗旱、耐瘠薄、适应性广、淀粉含量高、营养丰富等特点,是重要的粮食、饲料、工业原料及新型能源用作物,同时也是河南省主要的秋粮作物之一。河南省甘薯的种植面积在1958年达到最大,为2 488.5万亩,总产量29.5亿千克,占当年全省秋粮总产量的40%,对解决困难时期群众的粮食问题起到了重要的作用。随着国民经济水平的提高,人民生活日益改善,甘薯从主粮作物逐渐转变为营养保健作物,种植面积也逐年下降。目前,河南省甘薯种植面积约500万亩,是全国重要的甘薯种植省份之一。鲜薯平均亩产从约400千克(历史记载)提高到现在的2 500千克以上,增产了6倍以上。主栽品种则由胜利百号、徐薯18等逐步发展到现在的淀粉型、鲜食型、紫薯型、菜用型、观赏型等优质专用型甘薯品种。这些新品种加上各类新技术在生产上的广泛应用,促进了甘薯单产及效益的大幅度提高。本章主要从甘薯生产发展历史及现状、甘薯品种选育利用历史及现状、甘薯栽培技术发展现状、主要甘薯病虫草害防控现状、甘薯加工业发展现状等几个方面概述了河南省甘薯产业情况。

第一节　甘薯生产发展历史及现状

甘薯因其营养丰富、产后加工利用率高、保健功效明显,已不再局限为粮食作物,而逐步向多用途高产高效经济作物发展。甘薯在河南省各地均有种植,主要用于鲜食、淀粉加工、饲料等,在河南省居民膳食结构优化、促进农民增收、助力乡村振兴等方面扮演着重要的角色。

一、河南省甘薯种植历史

据史料记载,河南省甘薯的引进主要有两条路线:一是东路从福建泉州至长乐沿海道直到河南朱仙镇和黄河以北诸县;二是西路从广东电白至广州、衡阳、长沙、武昌到南阳盆地,渐次北上传入河南其他地区。清代乾隆八年(1743年)《汝州续志》载:"红薯产海南,渐至闽、广、湖、湘、豫,植易收广,堪备荒灾,州守宋名立觅种教艺,人获其利,种者寝多。"当时河南鲁山甘薯已"蔓延"全境(1743年)。清乾隆九年(1744年),陈宏谋《培远堂偶存稿》中有"命令其下认引进薯种……河南之汝宁(今汝南)、汝州……皆有之。"这是甘薯在河南种植最早的记载。另据清《金薯传习录》记载,乾隆二十一年(1756年),陈世元之子陈云、陈燮等"移种河南朱仙镇"。以上史料说明甘薯在清乾隆年间曾以不同渠道数次被引进河南,迄今河南省种植甘薯已有280余年的历史。

二、河南省甘薯生产环境

河南省位于中国中东部、黄河中下游,地理坐标为北纬31°23′~36°23′、东经110°21′~116°39′。河南省东接安徽、山东,北接河北、山西,西连陕西,南临湖北,总面积16.7万平方千米,是全国甘薯等农产品的主产区。

河南省地势西高东低,由平原、盆地、山地、丘陵等构成;地跨海河、黄河、淮河、长江四大流域。大部分地处暖温带,南部跨亚热带,属暖温带和亚热带过渡区,主要受西风带大气环流控制,属暖温带—亚热带、湿润—半湿润季风气候。一般特征是春季干旱风沙多,夏季炎热雨丰沛,秋季晴和日照足,冬季寒冷雨雪少。全省年平均气温为12~16℃,全年无霜期从北往南为189~240天,年实际日照时数为2 000~2 600小时,平均年降水量约771.1毫米,降水主要集中在7~9月。总体而言,河南省的生态环境和气候特征较适宜甘薯生产。

三、河南省甘薯主要种植区域及种植制度

甘薯在河南省各地广泛种植,其中种植面积较大的地市为洛阳、南阳、许昌、开封、周口、商丘、驻马店、信阳等,每个地市种植面积30万~60万亩。当前河南省淀粉型甘薯主栽品种为商薯19、郑红23、洛薯13、徐薯22、济薯25、郑红22、漯薯10号、豫薯13等,鲜食型甘薯主栽品种为普薯32、烟薯25、龙薯9号、济薯26、玛莎莉、郑薯20、红瑶等,以及食用紫薯型甘薯品种紫罗兰、徐紫薯8号等。此外,还种植有少量菜用型、观赏型甘薯,其中,菜用型甘薯品种主要为台农71、福菜薯18、福薯7-6等,观赏型甘薯品种主要为黄金叶、金灿灿、紫贵人等。

近些年,鲜食型甘薯品种种植与销售发展迅速,不同甘薯主产地均较重视与之相关的品牌建设,截至2024年4月,汝阳红薯、唐河红薯、襄城红薯、兰考红薯、郸城红薯、冯桥红薯、崇礼红薯、瓦岗红薯、花园口红薯、茶亭沟红薯、张武岗红薯、西平红薯被认定为国家地理标志农产品,平城红薯、汝阳红薯、襄城红薯、兰考红薯、鹿邑红薯、清丰红薯、冯桥红薯、西平红薯、息县红薯、瓦岗红薯、伊川红薯、郏县红薯、新郑红薯、登封红薯、新安红薯、嵩县红薯、建安红薯、上蔡红薯、留盆红薯、龙安红薯、商水红薯、郸城红薯、中牟红薯、邓州红薯、宜阳甘薯、汝州甘薯、淇滨甘薯、清丰红薯粉条、龙安红薯粉条共29个甘薯类产品被纳入全国名特优新农产品名录,约占全国62个甘薯类名特优新农产品的50%。此外,伊川"岭上硒薯"、汝阳"水果红薯"、兰考蜜薯等特色品牌的打造均有效提高了当地甘薯产业的效益。

在种植制度方面,主要包括春薯种植(一般为4月中旬至5月中旬)和夏薯种植(一般为5月下旬至6月下旬)。春薯收获后一般留置白地养护,一年一熟;夏薯收获后可接茬种植冬油菜或冬小麦,做到两年三熟。在鲜食型甘薯早上市卖高价的趋势下,部分地区会采用早春双膜种植模式(图1-1),可以将栽期提前至3月中旬,7月中下旬即可收获上市,鲜薯销售价格较10月正常收获时价格约高2元/千克,收获后可继续进行甘薯种薯繁育或种植蔬菜等。在种植模式方面,目前主要以单作为主,也有少量间作套种,主要包括烟草—甘薯套种(图1-2)、西瓜—甘薯套种(图1-3)、林木—甘薯套种(图1-4)、小麦—甘薯套种等。在栽植方式上,主要有单垄单行种植(图1-5)、大垄双行种植(图1-6)等。一般栽插

密度为 3 000~5 000 株/亩,单垄单行垄距为 70~90 厘米,大垄双行垄距为 100~120 厘米。

图 1-1　早春双膜种植

图 1-2　烟草—甘薯套种

图1-3 西瓜—甘薯套种

图1-4 林木—甘薯套种

图 1-5　单垄单行种植

图 1-6　大垄双行种植

第二节　河南省甘薯品种选育利用历史及现状

种子是农业的"芯片",是粮食安全的根基。河南省甘薯品种的选育与利用从中华人民共和国成立以来经历了不同的发展阶段,各类优良品种在不同历史时期为保障河南省粮食安全作出了重要贡献。

一、甘薯主栽品种的沿革

河南省甘薯主栽品种的沿革大致经历了五个历史阶段:农家品种征集与利用、胜利百号大面积推广、改良品种选育及推广、徐薯18大面积应用、河南省自主选育品种和国内优良品种的推广应用,每个阶段主栽品种的演变都伴随着平均亩产的大幅度提高。

(一)农家品种征集与利用

中华人民共和国成立初期,通过群众性农家品种的征集、鉴定、评选,河南省主要选用南阳红、傻瓜白等农家品种进行大面积应用。南阳红为长蔓型品种,叶片心形,顶叶紫色;紫红皮淡黄肉,薯形为长纺锤形,烘干率约27.5%,萌芽性中等;耐湿性强,高抗黑斑病和根腐病,高感茎线虫病。傻瓜白为长蔓型品种,叶片心形,顶叶褐色;薯皮、薯肉均为黄白色,薯形为短纺锤形,烘干率约29.4%,萌芽性优;中抗茎线虫病,中感黑斑病,高感根腐病和蔓割病。

1956年,在农业部统一部署下,河南省农业科学院粮食作物研究所牵头在全省征集甘薯品种100余份,至1985年共保存各类甘薯品种277个,其中河南省农家品种11个,这些农家品种均汇编入1984年出版的《全国甘薯品种资源目录》,分别为镇平本地种(南阳镇平)、紫红薯(安阳林县)、内外红(新乡封丘)、大叶白(周口项城、驻马店遂平)、新乡白皮、南阳本地种、四道沟(商丘睢县)、紫花头(商丘睢县)、傻瓜白(商丘虞城)、红红薯(南阳)、粉红皮(周口沈丘)。这些优良农家品种的筛选和推广种植使河南省甘薯平均单产从约400千克/亩提高到约500千克/亩,是河南省甘薯品种的第一次更新,为当时河南省的粮食安全提供了重要保障,也为后期河南省甘薯新品种的选育提供了重要的亲本资源。

(二)胜利百号大面积推广

1953~1980年,以日本胜利百号、美国南瑞苕为代表的外引品种逐步在河南省大面积推广应用。1956年,河南省种植的甘薯品种95%以上为胜利百号;1964年,旱薄地胜利百号出现根腐病,种植面积有所下降;直至1986年,胜利百号仍占河南省甘薯种植面积的30%左右。同时期主推品种还有北京553(胜利百号放任授粉,原系号50-553)、华北52-45(南瑞苕×胜利百号,原系号50-289)、遗字138(胜利百号×南瑞苕)等。胜利百号和南瑞苕组合杂交具有特殊的配合力,20世纪50年代以来,我国先后从其杂交后代中培育出近百个具有不同特点的优良品种。育种实践证明,胜利百号是高产、早熟、抗茎线虫病的重要基因来源,而南瑞苕则是优良的高干、优质、抗病遗传资源,二者曾是我国甘薯育种实践中的骨干亲本。

(三)改良品种选育及推广

1970年,由许昌市农业科学研究所从江苏省农业科学院引进高产优质品种宁薯1号并在许昌地区推广。1974年,宁薯1号在洛阳、安阳、新乡、南阳等10个地区进行区试,随后在全省推广,最大种植年份面积达340万亩以上。之后各地区又相继引进了宁薯2号、丰薯1号、丰收白、南京红等品种,都有一定种植面积。

在引进改良的基础上,河南省农业科学院和各地市农科院(所)先后选育出郑红2号、郑红9号、郑颖红、郑州红、许薯1号、许薯4号、汴薯1号、周薯98、洛红1号、宛薯203、商农2号、安薯07等30多个新品种。河南省甘薯平均产量由20世纪60年代初的500千克/亩提高到近1 000千克/亩,总产量则由1 000万吨增加到1 500万吨,这是河南省甘薯品种的第三次更新换代。

(四)徐薯18大面积应用

1977~1978年,中国农业科学院植物保护研究所将"73-2518(徐薯18)"在开封尉氏县进行抗根腐病鉴定,表现为高抗根腐病。1978 年在华北区进行联合鉴定,同样表现为高抗根腐病。1979 年,洛阳、商丘、周口、南阳等根腐病严重的地区从江苏宿迁县引种徐薯 18 (图 1-7)并推广种植。该品种萌芽性优,食味中上,春薯烘干率 30%左右,夏薯烘干率 28% 左右,突出特点是高产、高抗根腐病、综合性状好、适应性广,1982 年获国家技术发明奖一等奖。1984 年,河南省推广种植徐薯 18 达 640 万亩,占甘薯种植面积的 50%以上,这是河南省甘薯主栽品种的第四次更新。之后,因徐薯 18 对茎线虫病和黑斑病抗性较差,种植面积逐年下降。

图 1-7 徐薯 18(江苏徐淮地区徐州农业科学研究所 周志林提供)

(五)河南省自主选育品种和国内优良品种的推广应用

1983 年,河南省成立高淀粉、高产、抗病育种工作协作组,甘薯科研步入正轨。2000 年以来,河南省各甘薯科研单位选育出商薯 19(图 1-8)、郑红 23(图 1-9)、洛薯 13(图 1-10)、漯薯 10 号(图 1-11)、郑红 22(图 1-12)、漯紫薯 4 号(图 1-13)等众多优良甘薯品种,满足了河南省甘薯品种应用的多样化需求。其中由商丘市农林科学院选育的商薯 19 具有萌芽性好、高产、稳产、广适等特点,已发展成为国内第一大淀粉型品种。河南省农业科学院粮食作物研究所选育的郑红 23 抗病性好,淀粉亩产高,适应性广,短蔓易管理,多次在国内甘薯优良品种评选中获奖,推广面积逐年扩大。洛薯 13 是由洛阳市农林科学院和洛阳金谷王种业有限公司选育的甘薯品种,商品性好、产量高,2018 年获洛阳市"汝阳红薯"国家农产品地理标志品种贡献奖。漯薯 10 号是漯河市农业科学院选育的淀粉型品种,高产、淀粉含量较高、结薯早,属中早熟品种。郑红 22 是河南省农业科学院粮食作物研究所选育的品种,2010 年通过国家鉴定,该品种高抗茎线虫病、干物率高、抗旱、食味面甜。漯紫薯 4 号是漯河市农业科学院选育的食用型紫薯品种,结薯集中整齐,商品薯率较高。与此同时,国内一些大面积推广的优良鲜食型品种,如普薯 32、烟薯 25、龙薯 9 号等,在河南省也已成为主栽品种。

图 1-8　商薯 19

图 1-9　郑红 23

图 1-10　洛薯 13

图 1-11 漯薯 10 号

图 1-12 郑红 22

图 1-13 漯紫薯 4 号

二、甘薯品种自主选育的历史及现状

河南省甘薯品种自主选育的历史可大致分为早期品种选育(1980年以前)、品种审定时期(1981~2001年)、品种鉴定时期(2002~2015年)和品种登记时期(2016年至今)。河南甘薯育种单位主要有河南省农业科学院粮食作物研究所、商丘市农林科学院、洛阳市农林科学院、漯河市农业科学院、南阳市农业科学院、平顶山市农业科学院、河南科技学院等。此外,一些民间育种家选育的品种在不同时期也有一定的种植面积。

(一)早期品种选育

河南省开展甘薯杂交育种的时间最早可追溯到1956年,为适应甘薯品种更新换代的需求,河南省农业科学院粮食作物研究所的科研人员开始利用宁远三十日早、恒进、蓬尾、满村香、禹北白等地方品种开展杂交育种,取得了良好效果,如利用宁远三十日早和华北166进行正反交,分别选育出跃进1号和跃进2号。随后又利用栗子香、胜利百号、护国、河北351等品种选育出郑州红(胜利百号×跃进2号)、郑红2号(郑州红×护国)、郑红3号(胜利百号×栗子香)、郑红4号(豫薯2号,24-4×郑州红)、郑红5号(郑州红×护国)、郑红9号(胜利百号放任授粉)、郑红20号(胜利百号×跃进2号)、郑颖红(护国×河北351)等优良品种。同时,河南省内各地区农业科学研究所也相继选育出一系列当家品种,如洛阳市农业科学院1971年从68-26×68-21杂交后代中选育的洛红1号、许昌市农业科学研究所1972年从宁薯1号放任授粉杂交后代中选育的许薯1号、开封市农业科学研究院1974年从恒进×栗子香杂交后代中选育的汴薯1号、周口市农业科学研究院1976年从丰收黄×宁薯1号杂交后代中选育的周薯98、南阳市农业科学研究院从新大紫×华北52-45杂交后代中选育的宛薯203等。这一时期选育的品种在亲缘上大多是南瑞苕和胜利百号的后代,各地农家种也作为亲本被频繁使用,总的特点就是品种遗传基础较为狭窄。

(二)品种审定时期

国家甘薯良种科技攻关期间(1980~2000年),河南省选育出"豫薯"系列甘薯品种13个以及郑91014-2(表1-1),其中淀粉型4个、兼用型5个、鲜食型5个,累计荣获河南省科技进步奖一等奖1项、二等奖3项、三等奖2项。推广面积较大的有豫薯6号、豫薯1号、豫薯2号、豫薯7号、豫薯13号等,其中豫薯6号是迄今为止河南省唯一获得河南省科技进步奖一等奖的甘薯品种,该品种是利用适应河南本土环境的本地改良种(跃进2号、郑州红、郑红2号)与远缘农家种(胜利百号、海南花叶、禹北白)反复杂交选育而成,充分利用了亲本遗传优势与地理远缘优势,具有典型的育种借鉴意义。

表1-1　河南省通过审定的甘薯品种

品种	类型	薯皮薯肉色	亲本组合	选育单位	河南省科技进步奖
豫薯1号	兼用	紫红、淡黄	北京蜜瓜×栗子香	商丘市农林科学院	二等奖,1988年
豫薯2号	鲜食	紫红、淡黄	24-4×郑州红	河南省农业科学院粮食作物研究所	三等奖,1984年

品种	类型	薯皮薯肉色	亲本组合	选育单位	河南省科技进步奖
豫薯3号	淀粉	红、白	徐州941×新大紫	漯河市农业科学院	
豫薯4号	鲜食	土黄、黄带微红	济南红×宁薯1号	洛阳市农林科学院	三等奖,1993年
豫薯5号	鲜食	紫红、橘红	野生种×南阳203	南阳市农业科学院	
豫薯6号	兼用	红、白	郑红2号×禹北白	河南省农业科学院粮食作物研究所	一等奖,1994年
豫薯7号	淀粉	红、白	南丰×徐薯18	河南省泌阳县农业科学研究所、河南省农业科学院粮食作物研究所	
豫薯8号	兼用	红、白	蓬尾×小白藤	洛阳市农林科学院	二等奖,1997年
豫薯9号	淀粉	紫红、白	豫薯7号×绵粉1号	平顶山农业科学院、河南省农业科学院粮食作物研究所	
豫薯10号	鲜食	红、浅红	红旗4号×19-5	商丘市农林科学院	
豫薯11号	鲜食	白、橘红	遗字138×文革	河南省农业科学院粮食作物研究所、河南农业大学	
豫薯12号	兼用	红、白	徐78-28×群力2号	南阳市农业科学院	
豫薯13号	淀粉	红、白	济78066×绵粉1号	河南省农业科学院粮食作物研究所	二等奖,2008年
郑91014-2	兼用	紫红、白	豫薯5号×鲁薯10号	河南省农业科学院粮食作物研究所	

(三)品种鉴定时期

品种鉴定时期,河南省选育出甘薯品种22个、引进鉴定品种2个(表1-2),包括淀粉型13个、兼用型6个、鲜食型3个、紫薯型1个、菜用型1个,累计荣获河南省科技进步奖二等奖1项、三等奖4项。在这些育成品种中,亲本使用频率较高的为徐781、徐薯18、豫薯13、徐薯25。

表1-2 河南省通过鉴定的甘薯品种

品种	类型	亲本组合	选育单位	鉴定编号	河南省科技进步奖
商薯19	淀粉	SL-01×豫薯7号	商丘市农林科学院	国品鉴甘薯2003004	

品种	类型	亲本组合	选育单位	鉴定编号	河南省科技进步奖
郑薯 20	鲜食	苏薯 8 号芽变	河南省农业科学院粮食作物研究所	国品鉴甘薯 2007004	二等奖,2014 年
漯徐薯 8 号	淀粉	徐薯 18×徐 78-1	漯河市农业科学院、徐州甘薯研究中心	国品鉴甘薯 2008001	三等奖,2014 年
漯徐薯 9 号	兼用	徐 781×徐薯 18	漯河市农业科学院、徐州甘薯研究中心	国品鉴甘薯 2010003	
郑红 22	淀粉	徐 01-2-9 放任授粉	河南省农业科学院粮食作物研究所、徐州甘薯研究中心	国品鉴甘薯 2010004	
洛薯 10 号	淀粉	豫薯 10 号×洛 89-4-6	洛阳市农林科学院、洛阳金谷王种业有限公司	国品鉴甘薯 2011001	三等奖,2013 年
商薯 7 号	淀粉	豫薯 13×徐 781	商丘市农林科学院	国品鉴甘薯 2011004	
漯薯 11	淀粉	苏薯 9 号×漯薯 105	漯河市农业科学院	国品鉴甘薯 2015006	
漯紫薯 1 号	紫薯	烟薯 337×冀薯 98	漯河市农业科学院	国品鉴甘薯 2015012	
百薯 1 号	菜用	安薯 07 自交选育	河南科技学院	豫品鉴薯 2006001	
漯薯 6 号	淀粉	徐 781×徐薯 18	漯河市农业科学院	豫品鉴薯 2009001	
洛薯 9 号	兼用	宁 88-10 放任授粉	洛阳市农林科学院	豫品鉴薯 2009002	三等奖,2012 年
漯薯 10 号	淀粉	徐 781 放任授粉	漯河市农业科学院	豫品鉴薯 2011001	
商薯 8 号	淀粉	豫薯 13 放任授粉	商丘市农林科学院	豫品鉴薯 2012001	
洛薯 11	淀粉	CIP194037-1 放任授粉	洛阳市农林科学院	豫品鉴薯 2012002	三等奖,2020 年
商薯 9 号	淀粉	徐薯 25×商薯 103	商丘市农林科学院	豫品鉴薯 2013001	

品种	类型	亲本组合	选育单位	鉴定编号	河南省科技进步奖
郑红23号	兼用	世中1号×徐薯18	河南省农业科学院粮食作物研究所	豫品鉴薯2013002	
商薯11	兼用	阜豫01×徐薯25	商丘市农林科学院	豫品鉴薯2014001	
广薯87	鲜食	广薯69集团杂交	广东省农业科学院作物研究所	豫品鉴薯2015001	
百郑薯2号	兼用	遗字306×豫薯13	河南科技学院、河南省农业科学院粮食作物研究所	豫品鉴薯2015002	
商薯12	淀粉	徐薯18×徐薯27	商丘市农林科学院	豫品鉴薯2015003	
洛薯13	鲜食	苏薯8号放任授粉	洛阳市农林科学院、洛阳金谷王种业有限公司	豫品鉴薯2015004	
徐薯32	兼用	徐薯55-2×红东	徐州甘薯研究中心	豫品鉴薯2015005	
百郑薯3号	淀粉	遗字306×豫薯13	河南科技学院、河南省农业科学院粮食作物研究所	豫品鉴薯2015006	

(四)品种登记时期

自2016年开始实施非主要农作物品种登记政策以来,截至2022年年底,河南省共登记甘薯品种17个,其中12个为已鉴定品种重新登记,5个为新选育品种登记(漯薯12、漯薯15、漯薯16、漯紫薯4号、商薯17)。品种登记政策的实施加速了河南省甘薯品种选育的进程,通过品种登记,公开发布登记品种的信息,统一保存甘薯品种标准种苗样品,登记品种接受全社会监督,建立甘薯品种信用体系和可追溯体系,确保了甘薯种业的持续健康发展。

第三节　河南省甘薯栽培技术发展现状

合理高效的甘薯栽培技术措施能够充分发挥品种潜力,同时也能弥补品种不足,对甘薯产量和品质有重要影响。本节重点概述了河南省甘薯生产中主要的栽培技术措施,这些技术措施的综合运用确保了甘薯的高产优质。

一、育苗技术

育苗是甘薯生产中的首要环节,通过合理的育苗方式和规范化的育苗操作培育出壮苗,可以为甘薯丰产打下良好基础。甘薯育苗企业和种植户在长期实践中创造出许多适宜当地的育苗方法。

1950~1990年,河南省的甘薯科研人员相继开展了火炕育苗、酿热物育苗、单叶节高倍繁殖育苗、薄膜覆盖育苗等育苗技术研究,取得了良好的效果,其中高倍繁殖育苗技术于1983年获河南省科技重大成果奖三等奖。目前,河南省内主要采用冷床和温床两种育苗方法。冷床育苗,是在塑料大棚、玻璃温室、暖棚、小拱棚内整理出苗床进行育苗。而温床育苗,除了塑料大棚和地膜外,还需在苗床上铺置电热丝或酿热物等进行人工增温,提高出苗速度。

近些年,薯农在长期的育苗过程中,为了提高育苗效率,摸索出了一套全新的育苗模式——暖棚越冬育苗。在当前甘薯病毒病持续流行的情况下,用脱毒试管驯化苗在暖棚中进行越冬扩繁,至翌年夏薯种植时节将其栽插于隔离条件好的大田进行脱毒种薯繁殖,已成为薯农较普遍的做法(图1-14、图1-15)。高畦滴灌育苗是近年来国家甘薯产业技术体系推广的一种新式育苗方法,替代了传统的下挖苗床的育苗方法。相比于下挖苗床用工多、烂薯率高、出苗慢等劣势,高畦滴灌育苗可以节省人工、增加土壤通透性,提高出苗率、降低种薯感病率,具有良好的应用前景。此外,在甘薯实生籽育苗方面,河南省农业科学院粮食作物研究所近年来采用"育苗盘+配方基质土"的方式,提高了实生籽成苗率(图1-16)。

图1-14　暖棚越冬育苗

图 1-15　脱毒苗温室驯化扩繁

图 1-16　实生籽"育苗盘+配方基质土"育苗

二、平衡施肥技术

甘薯科学施肥是高产栽培的重要内容,施肥的基本目的是为甘薯创造良好的营养环境,以达到高产、优质的目的。河南省甘薯生产存在重氮、轻磷、少钾,重化肥、轻有机肥,重基肥、轻追肥以及过量施肥等问题,导致甘薯产量低、品质差、肥料利用率偏低。近年来,随着科学施肥技术的推广和薯农科学种植意识的加强,甘薯施肥愈加科学、合理,甘薯产量、品质不断提升。

甘薯测土配方平衡施肥技术是甘薯科学施肥技术的核心,是调节和解决甘薯需肥与土壤供肥之间矛盾的重要方法。该技术是通过对土壤养分元素的调查和供养能力的分析,以及甘薯对不同养分元素需求的研究,确定不同养分元素对甘薯生长的影响,进而制定养分的配比和施肥方案。测土配方平衡施肥可以实现各种养分的平衡供应,以满足甘薯生长的需要,达到提高肥料利用率和减少用量,提高甘薯产量和品质,以及节本增收的目的。

三、地膜覆盖与膜下滴灌水肥药一体化技术

地膜覆盖如今已成为甘薯高产优质栽培的主要技术之一,在河南省大面积应用,辅之以膜下滴灌水肥药一体化技术,二者的结合大大促进了河南省优质甘薯的生产。

地膜覆盖对土壤特性的影响主要体现在增温、保墒、改善土壤结构、提高土壤养分利用率等方面。同时,地膜覆盖对甘薯地上部营养生长、地下部根系生长、品质改善等方面均能产生积极的影响。地膜主要有普通膜和可降解膜,前者为目前主要使用类型。在颜色上可分为无色膜、黑膜和黑白膜(中间透明两边黑),其中黑白膜结合了前两者的优点,具有土壤增温快、防杂草以及方便垄面可视化栽苗的特性,在生产中应用较广(图1-17)。有研究表明,可降解膜提高地温的效果不如普通膜,但在收获期,可降解膜相比于普通膜能显著降低蔓长、地上部鲜重,显著提高根冠比和产量。

图1-17 覆黑白膜滴灌高产田

一般与地膜覆盖配套使用的为膜下滴灌与水肥药一体化技术，即利用膜下滴灌带进行滴灌栽培的同时，将肥料溶解注入滴灌系统，然后直接均匀地施到作物根系层，实现水肥同步，从而显著提高肥料利用率。水肥一体化技术在甘薯生产中主要可以解决以下3个方面的问题：解决干旱地区或季节性干旱年份的甘薯灌溉问题，解决甘薯生长后期追肥难的问题，解决甘薯栽插效率与栽插质量问题。在水源充足、地势平整的豫中、东部地区，甘薯水肥药一体化通常用大型"旋耕—起垄—铺带—覆膜"一体机进行作业，可采用"单行"或"大垄双行"的栽植模式。而豫西丘陵山地水源缺乏、地块零碎，通常用"移动水源"（如用拖拉机运水）为滴灌系统提供灌溉用水。

四、化学调控技术

化学调控指通过外源施用植物生长调节剂来促进植物内源激素的再平衡，进而实现植物生长发育的定向调控。甘薯种植中大量施用肥料，易导致营养生长过剩，甘薯茎叶旺长、疯长，地下部营养积累不足。合理使用化学调控技术能使甘薯按照生长发育规律的要求协调生长，达到高产增收的目的。目前应用于甘薯大田生长期的调节剂分为抑制类和促进类两类：抑制类调节剂（控旺剂），主要有多效唑、烯效唑、矮壮素、甲哌鎓（缩节胺）等；促进类调节剂，主要有膨大素、赤霉酸、芸苔素内酯等。尤以控旺剂使用最为普遍，单一成分控旺剂在性价比上不具优势，市场上更多的是复配控旺剂，如矮壮素多效唑、甲哌鎓多效唑、甲哌鎓烯效唑等。

化学调控不仅在促进甘薯高产方面效果显著，在甘薯抵御逆境胁迫方面也起到了重要作用。在干旱条件下，烯效唑能够显著增加甘薯的可溶性蛋白含量和抗氧化酶同工酶的表达量，增强其耐旱性。吲哚丁酸和萘乙酸均可减缓干旱胁迫下甘薯根系的伤害。多效唑可通过提高甘薯的抗氧化酶活性来提高其耐冷性。

虽然应用于甘薯的植物生长调节剂较多，但仍面临很多问题，特别是过量施用会造成土壤药剂残留，影响后茬作物生长。因此，在甘薯生产中使用植物生长调节剂时要注意用量，合理施用，避免产生药害和土壤残留，造成较大损失。

五、机械化生产

甘薯生产环节多，劳动强度大，我国虽是甘薯生产大国，但其机械化作业程度却不高，随着大量农村劳动力转移至城市及其他行业，甘薯种植面临着劳动力缺乏以及用工成本高的问题。近年来，河南省优质鲜食型甘薯品种的种植面积进一步扩大，开始出现集约化种植模式，随着土地流转政策的推进和农村劳动力转移的加速，市场对甘薯生产机械的需求日益迫切。

甘薯生产环节主要包括育苗、耕整、起垄、移栽、田间管理、收获等。育苗环节已研发出自走式苗床薯苗采收机，但对出苗整齐性要求较高，目前未实现推广应用。耕整、起垄环节采用通用耕整、起垄机械完成，平原地区多采用与大中型拖拉机配套的单一功能或复式作业机，机械化作业已超过80%，丘陵山区通常采用小型起垄机、手扶起垄机，但机具使用率较低。移栽是甘薯生产中较为耗工耗时的环节之一，目前虽已研制出多种薯苗移栽机械，但因效率不高,河南省甘薯移栽仍以人工为主。收获环节是甘薯生产中用工量和劳动强度最大的环节,其用工量占生产全过程的42%左右,作业成本占生产总成本的50%左右。甘薯收获主要包括碎秧、挖掘、捡拾、清杂、收集等环节,生产中以分段作业为主,先进行机械化碎秧,再挖掘收获,随后捡拾、清杂、收集。挖掘阶段基本已实现机械化操作,后续的捡拾、清杂、收集仍然以人工为主,但目前已研制出集挖掘、输送、清杂、装送筐、集薯(筐或袋)等作业于一体的甘薯联合收获机,有待进一步推广应用。

总体而言,河南省甘薯生产过程中机械使用率依然较低,关键生产环节(如栽苗、薯块捡拾收集)仍未实现机械化。由于河南省甘薯种植面积较分散,种植地区有平原、丘陵、山地,规模化种植较少,种植模式不统一,区域化、标准化、产业化栽培模式难以形成,这些因素均影响了机具的适用性及推广应用。此外,河南省还缺少专业的甘薯机械研发机构和生产制造企业,以及相应理论支撑和农机农艺适配性的深入研究。

第四节　河南省主要甘薯病虫草害防控现状

河南省甘薯病虫草害种类繁多,发生广泛,一些病虫草害的发生严重影响甘薯的产量和品质。甘薯病虫草害的防治策略是"预防为主,综合防治",积极采用农业防治、物理防治、生物防治以及科学使用农药等多种措施,一方面要有效控制甘薯病虫草害,另一方面还要实现甘薯安全生产和农业生态环境安全。

河南省危害比较严重的甘薯病害类型主要包括甘薯病毒病害、甘薯真菌性病害、甘薯茎线虫病等。近些年,甘薯病毒病在河南省乃至全国一直处于高发状态,已成为影响甘薯产量和品质的重要限制因素。甘薯复合病毒病(SPVD)目前是甘薯上危害最严重的病毒病害,可导致产量损失50%~98%,甚至绝收。目前,尚未发现或培育出真正抗病毒病的甘薯品种,也没有较理想的防治病毒病的药剂,种植脱毒健康种苗是防治甘薯病毒病最有效的途径之一。

根腐病、茎线虫病和黑斑病是北方薯区危害甘薯的传统病害,俗称"北方三病",均为土传病害,其中根腐病和黑斑病为真菌性病害,茎线虫病是由马铃薯腐烂茎线虫侵染所引起。近几年,根腐病在河南省甘薯主产区频繁发生,目前对该病尚无有效的药剂防治措施,主要通过选用抗病品种、轮作倒茬等措施进行预防。甘薯茎线虫病目前在河南省的防治效果较好,主要采用"选(选用抗病品种和无病种薯)、控(控制田间虫口基数、控制苗床茎线虫侵入速度、控制薯苗携带茎线虫)、封(封闭剪苗伤口)、防(采用噻唑膦、辛硫磷等药剂进行有效防控)"的综合防治措施。甘薯黑斑病在河南省处于较低流行水平,该病主要发生于甘薯储藏期和苗床期,对该病的防治应采用以繁殖无病种薯为基础,培育无病壮苗为中心,安全储藏为保证的防治策略,实行以农业防治为主,药剂防治为辅的综合防治措施。

危害河南省甘薯生产的害虫类主要包括地下部害虫(金龟子类、金针虫、小地老虎、蝼蛄等)和地上部害虫(烟粉虱、甘薯天蛾、甘薯麦蛾、斜纹夜蛾、甘薯叶甲、红蜘蛛等)。综合应用农业防治(深耕深翻、及时清除杂草等)、生物防治(采用绿僵菌、白僵菌、害虫天敌等防治)、物理防治(频振式杀虫灯、黑光灯、性诱剂、糖醋液、黄板等诱杀)和化学防治(采用高效、低毒、低残留的化学药剂)等措施控制甘薯虫害的发生和危害。

甘薯田杂草类危害主要有禾本科杂草(马唐、牛筋草、狗尾草、旱稗等)、阔叶杂草(马齿苋、苍耳、藜、苘麻、田旋花等)和莎草类杂草(香附子、碎米莎草等)。目前能够安全、有效地去除全部甘薯田间杂草的化学除草剂比较缺乏,生产上主要采用的除草剂为异丙草胺、二甲戊乐灵、精喹禾灵等,辅助人工拔草、中耕除草,同时,黑膜及黑白膜覆盖也能一定程度抑制垄面杂草的生长。

第五节　河南省甘薯加工业发展现状

河南省不仅是甘薯种植、生产大省,也是甘薯加工、消费大省。加工业是提升农产品价值的重要手段,甘薯加工品已广泛应用于食品工业、饲料工业、轻化工业等。河南省的甘薯加工产业经历了如下发展阶段:20世纪80年代初期,以传统家庭作坊的手工淀粉加工为主,效率、产量均较低;20世纪80年代中期以后,甘薯淀粉加工和酒精生产企业有所发展;20世纪90年代以后,甘薯休闲食品开始出现;进入21世纪以来,甘薯加工产业进入高速发展阶段,甘薯加工产品种类日益丰富。目前,甘薯加工产品主要有甘薯食品原料制品、甘薯淀粉及制品、甘薯发酵制品、甘薯休闲制品、甘薯饮料制品等。在各类甘薯加工产品中,河南省主要以淀粉、粉条(丝)、粉皮"三粉"加工为主,还包括酸辣粉、冰烤薯、薯干、薯脯、甘薯饮料(酒)、甘薯醋、甘薯叶茶等。

甘薯是生产淀粉的主要原料,河南省是我国重要的淀粉生产省份。河南省甘薯淀粉加工最初为纯手工加工结合简单机器的小作坊式生产,随着甘薯产业化发展,出现部分小型甘薯淀粉加工企业,但存在淀粉提取率低、纯度低的缺点。随着甘薯淀粉加工技术的进步,现已逐步发展到拥有全程机械化淀粉生产线的大中型企业,淀粉生产量和提取率也大大提高。目前甘薯淀粉加工方法有酸浆法、旋流法和流槽沉淀法等。甘薯粉条(丝)、粉皮是甘薯淀粉的主要制品,爽滑可口,深受人民喜爱。甘薯粉条(丝)的制作工艺包括漏瓢式、涂布式和挤出式,根据产品状态及含水量又分为干粉条和湿粉条。目前河南省内淀粉生产量远不能满足本省粉条(丝)等的生产需求,仍然要从省外购买大量淀粉原料。

河南省委省政府着眼建设制造业强省战略目标,将预制菜作为河南省绿色食品业优势再造和换道超车的重要抓手。酸辣粉作为预制菜的新兴代表在河南省发展迅速,目前省内有40多家生产速食酸辣粉的企业,全国超八成酸辣粉产自河南,产值高达上百亿元。甘薯淀粉是生产酸辣粉的主要原料,酸辣粉产业的兴起必将大力带动我省甘薯产业的快速发展。

2023年2月,中国食品工业协会与通许县共建"中国酸辣粉之都"工作正式启动,通许县以丽星集团为主要依托,建设酸辣粉产业园,打造属于河南省的甘薯加工产业名片。以此为契机,通许县也将大力发展淀粉型甘薯品种的种植,为淀粉生产提供更多的优质原料,补齐"三粉"产业短板。河南息县正着力打造的"双基地双小镇",即中国红薯研发基地和红薯小镇、中国酸辣粉创新基地和酸辣粉小镇,以龙头企业豫道农业科技发展有限公司为依托,将淀粉生产、调味料生产、设备制造、相关配菜企业等进行整合,共同推动县域全产业链发展。

　　河南省甘薯加工业近些年取得不同程度的发展和进步,在保障国民膳食营养、促进区域经济发展等方面作出了贡献。未来,各加工企业应努力提升自我创新能力,加快研发甘薯产业化关键技术,研发绿色环保、清洁型甘薯淀粉生产技术以及高营养、高品质甘薯加工产品新技术,提升甘薯淀粉加工后的甘薯浆、甘薯渣及甘薯茎叶等副产物的综合利用水平,进一步提高我国居民膳食营养水平,实现河南省甘薯产业的全面振兴。

第二章　甘薯健康种薯种苗繁育技术

　　健康种薯种苗是甘薯绿色高效生产和产业健康发展的基础,健康种薯种苗的足量供应是保障甘薯产业顺利发展的关键生产环节。目前,市售种薯种苗的质量参差不齐,不能满足甘薯市场对大量健康种薯种苗的需求,种植劣质种薯种苗会造成甘薯产量降低、品质下降、商品性差、种植效益低等,从而影响农民种植甘薯的积极性,制约甘薯新品种的大规模生产加工以及甘薯产业的健康发展。本章重点介绍甘薯脱毒及健康脱毒苗高效快繁技术、甘薯健康种薯繁育技术、甘薯健康壮苗培育技术,旨在为河南省健康种薯种苗的培育及规模化生产提供参考。

第一节　甘薯脱毒及健康脱毒苗高效快繁技术

一、甘薯脱毒介绍

　　甘薯在生长过程中,会受到病毒病的侵染,出现叶片或茎蔓生长异常的现象。病毒病主要通过烟粉虱、蚜虫等取食带病毒的植物叶片等,将病毒从带病毒的植物传给其他正常甘薯植株。随着甘薯的生长,这些病毒在植株体内不断复制、积累,地上部叶片出现卷叶、黄化、发白、花叶、褪绿斑点、皱缩等症状,导致植株矮化和薯块产量降低,甚至地下部薯块发生龟裂,从而严重降低薯块商品性,进一步影响甘薯的销售和生产效益。

　　在目前的技术条件下,既没有发现或培育出真正抗病毒病的甘薯品种,又没有研发出防治病毒病效果较理想的药剂,培育脱毒甘薯是目前消除或减轻甘薯病毒病危害的最有效措施之一。同时,栽培无病毒种苗不仅会增强甘薯的生长特性,还能激发甘薯的抗性和适应性,随之提高甘薯的产量。再者,脱毒苗的应用还减少农药的施用,对保护生态环境,促进甘薯产业的可持续发展具有十分重要的意义。

　　植物脱毒有多种方法,如热处理脱毒、微体嫁接脱毒、器官培养脱毒、珠心胚培养脱毒、超低温处理脱毒、愈伤组织培养脱毒、原生质体培养脱毒和茎尖培养脱毒等方法,由于甘薯是无性繁殖作物,利用茎尖培养脱毒是目前甘薯脱毒最快捷和有效的方法。茎尖培养脱毒原理来自1934年White提出的"植物体内病毒梯度分布学说"。虽然病毒侵入植物体内是全身扩散的,但是不同组织和部位,病毒的分布和浓度有着很大的差异。一般而言,病毒粒子随着植物组织的成熟而增加,顶端分生组织(0.1~1毫米)几乎不含病毒或含病毒很少,这可能是因为病毒在甘薯体内主要通过维管束组织和胞间连丝运转,而在茎尖分生组织中维管束尚未形成,病毒的复制速度赶不上细胞的生长速度,两者间的速度之差就形成了茎尖无病毒区。有关茎尖等顶端分生组织不带病毒的免毒区的现象通过电子显微镜和荧光抗体技术得以证实。

脱毒成功的概率与茎尖大小直接相关，茎尖大小一方面关系到茎尖培养是否能够成活，另一方面又决定了成活的茎尖是否带病毒。理论上讲，茎尖越小，脱毒率越高；茎尖越大，成活率越高。因此，要兼顾脱毒率、成活率及茎尖发育成完整植株的能力。

二、甘薯茎尖苗培育

(一)材料选择和准备

鉴于目前市场对健康薯苗的需求，要根据农户种植需求选择品种进行脱毒。甘薯茎尖培养脱毒需要选取具有品种特性的健康壮苗，避免选取杂苗或者自然突变的薯苗。为了提高茎尖培养的成活率和脱毒率，茎尖培养往往与热处理等方法结合使用，二次茎尖培养脱毒的方法应用也比较广泛。

(二)取材及预处理

选用适应当地生态条件且经审(鉴)定、登记的符合市场需求的优良甘薯品种。取田间植株或种薯发芽材料约 3 厘米长的幼嫩茎尖，剪掉较大叶片，把幼芽放到烧杯中，用洗衣粉洗涤 10~15 分钟，然后用清水冲洗干净。

(三)灭菌

将预处理的甘薯茎尖装入 100 毫升烧杯中，先用 70% 乙醇浸泡 30 秒，然后用无菌水冲洗；再用 0.1% 氯化汞或 2% 次氯酸钠溶液等进行消毒，一般计时 5~8 分钟，期间可通过摇荡促进灭菌溶液和材料表面的充分接触，从而达到较好的灭菌效果；到时间后，倒出并回收用过的消毒液，加灭菌水冲洗 3~4 遍，不断摇荡，去除残余消毒液，减少对分生组织的毒害；清洗完毕后，将茎尖置于培养皿中，去除多余水分。

(四)剥尖、接种

在超净工作台内无菌环境和 40 倍双筒解剖镜下，用手术刀片剥取带 1~2 个叶原基(长度在 0.2~0.5 毫米)的茎尖分生组织，接种到添加 6-BA 等激素的 MS 培养基上。

(五)植株分化及株系分离

接种后，放在温度 25~28℃、每日光照 13~16 小时、光照强度 2 000~3 000 勒克斯的条件下培养。一般 7 天左右茎尖膨大、变绿，50 天左右茎尖分生组织开始陆续再生出植株(图 2-1)。然后将每个再生植株作为一个株系转移到 MS 培养基上进行扩繁。当每一个株系繁殖到一定数量时，即可进行病毒病检测。

图 2-1　茎尖苗再生

三、甘薯茎尖苗病毒检测

薯苗茎尖分生组织在适宜的生长条件下培养得到的再生植株及扩繁苗为甘薯试管苗。试管苗不一定是脱毒苗，只有来源于茎尖分生组织等且经过病毒检测不带病毒的试管苗才是脱毒苗。目前甘薯试管苗的检测方法主要包括分子生物学检测、血清学检测、嫁接检测。

(一)分子生物学检测

分子生物学检测是目前最准确且快速的检测方法。全世界已经报道危害甘薯的 DNA 和 RNA 病毒一共有 38 种,分别属于 9 个科。危害我国甘薯生产的主要病毒病有 10 余种,根据国家行业标准《NY/T 402—2016》需要检测 6 种病毒,包括甘薯褪绿矮化病毒(SPCSV)、甘薯羽状斑驳病毒(SPFMV)、甘薯潜隐病毒(SPLV)、甘薯 G 病毒(SPVG)、甘薯褪绿斑病毒(SPCFV)、甘薯双生病毒(Sweepoviruses);根据河南省地方标准《DB41/T 987—2014》需要检测 7 种病毒,包括甘薯褪绿矮化病毒(SPCSV)、甘薯羽状斑驳病毒(SPFMV)、甘薯卷叶病毒(SPLCV)、甘薯潜隐病毒(SPLV)、甘薯 G 病毒(SPVG)、甘薯病毒 2(SPV2)、甘薯褪绿斑病毒(SPCFV)。目前就甘薯病毒病研究现状来看,病毒检测主要针对发病普遍且危害严重的病毒,主要包括 SPVD(SPFMV 与 SPCSV 复合侵染)和 SPLCV 等。

(二)血清学检测

根据已知的抗体与未知的抗原能否特异性结合形成抗原—抗体复合物(血清反应)的情况便可判断病毒的有无。血清学检测植物病毒具有快速、灵敏和操作简便等特点,是植物病毒检测中最为常见和有效的手段之一。沉淀反应和凝聚反应是传统的血清学检测法,采用血清学检测技术的前提是获得待测病毒的特异性抗体。目前甘薯 SPFMV、SPCSV、SPLCV、SPVG、SPLV、SPCFV 和 CMV(巨细胞病毒)等多种病毒的硝酸纤维素膜酶联免疫吸附测定试剂盒已经被广泛使用。受其灵敏度限制,在目前的植物病毒检测中,血清学检测法应用较少。

(三)嫁接检测

经分子生物学或血清学方法检测呈阴性的样品可再进行嫁接检测。以待测样品的茎蔓为接穗,巴西牵牛(Ipomoea setosa)为砧木,在巴西牵牛的茎部(子叶处)斜切,将待检样品底端削成楔形,插入砧木的切口内,用封口膜扎紧,置 25~30℃ 防虫网室内,嫁接 15~30 天后观察并记载症状。每个样品至少重复 3 次(3 株),同时设阳性和阴性对照。根据巴西牵牛是否表现花叶、叶片扭曲、明脉、黄化、植株矮化等症状,确定是否带毒。若所有嫁接巴西牵牛植株均没有表现任何病毒病症状,即为阴性。

四、脱毒茎尖苗及种薯的种性鉴定

甘薯脱毒程序复杂,周期长,薯苗和种薯容易发生变异,其种性鉴定尤为重要。首先,进行茎尖脱毒之前要确定品种的种性,是不是要脱毒的品种。茎尖脱毒过程中来自不同单株的茎尖要分开编号,实验室扩繁过程中保持编号不变,在进行大量扩繁之前要进行种性鉴定。种薯在育苗之前也要进行种性鉴定,挑出混杂的薯块,薯块出苗后也要多筛选,剔除混杂品种。甘薯的种性鉴定参考《甘薯种植资源描述规范》(NY/T 2939—2016)中的植物学特征的株型、顶芽色、顶叶形状、顶叶色、叶片形状、叶柄色、薯形、薯皮色、薯肉色等,根据品种资源的信息对照判断是否为目的品种。

五、健康脱毒苗高效快速繁育技术

随着现代农业的发展以及乡村振兴战略的实施,优良甘薯新品种大规模和产业化发展必须走一条"先脱毒,再工厂化育苗,再大田生产"的可持续发展道路。因此,必须以科技为先导,不断提高优良甘薯新品种的脱毒效率以及脱毒苗的扩繁系数、繁育速度、种植水平。甘薯健康脱毒苗高效快速繁育技术主要包括以下几个步骤:

(一)脱毒试管苗扩繁

1. MS 培养基扩繁技术 MS 培养基扩繁技术(图2-2)是一种用于甘薯无菌繁殖的常见方法,以 Murashige & Skoog 的标准化培养基为基础,通过调控培养条件,包括光照、温度和湿度等,快速繁殖甘薯等各类植物。

图 2-2 MS 培养基扩繁技术

(1)技术要点 试管苗经病毒检测确认无病毒后,转移到培养瓶中进行扩繁。在超净工作台中将5~7叶的脱毒苗切段成1叶1节,转到添加蔗糖的 MS 培养基中,在温度26~28℃、光照时间13~16小时/天,光照强度为2 000~3 000勒克斯的环境下进行培养。经3~5天腋芽萌发,30天左右长成5~7叶的成苗,即可进入下一轮切段快繁。

(2)技术主要优缺点 该方法有助于快速繁殖甘薯种苗,节省时间和成本,尤其在种苗生产中有重要应用。同时,快繁操作常在无菌条件下进行,降低了种苗外源微生物污染的风险。但是,多次继代可能影响甘薯基因组的稳定性,从而出现变异等现象。

2. 无糖培养技术 无糖培养技术又称光自养微繁殖技术(图2-3),它采用二氧化碳(CO_2)代替传统组织培养中的糖作为甘薯生长所需的碳源。该技术的目的是通过控制影响植物生长的环境因素,如温度、湿度、光照强度和 CO_2 浓度等,将甘薯从兼养型(需要外源碳源,如糖)转变为自养型,以低成本培育优质的甘薯种苗。

(1)技术要点 在超净工作台中,将灭菌后的培养基质(可选择蛭石、椰糠、沙子、泥炭土、珍珠岩等搭配使用)倒入已灭菌的无糖培养盒中,基质厚度约3厘米,倒入适量营养液(MS+抑菌剂),将传统组织培养20~30天的甘薯脱毒试管苗取出,用无菌水将基部残留培养基清洗干净并转接到无糖培养盒中。将培养盒放置在温度为(27 ± 2)℃,光照强度为2 700~2 900勒克斯,光照时间为10~12小时/天,空气相对湿度为50%~65%,空气中 CO_2 浓度为400~600毫克/米³ 的环境中进行培养。

(2)技术主要优缺点 通过该技术培养的植株生长发育快,培养周期缩短,显著提高了种苗质量,综合成本降低,提高了脱毒试管苗驯化期间的成活率。在实际的操作中,种苗的不同生长阶段需进行温湿度的调控,并且现有的无糖培养设施搭建较为复杂。同时,在实际操作过程中,需要特别强调培养容器、培养基质、操作器具、通入气体及培养外界环境的无菌要求,隔离操作规程较为烦琐。

图 2-3 无糖培养技术

(二)脱毒试管苗驯化及快速繁育

快速繁育是提高繁育系数、降低种苗繁育成本的重要措施,试管苗的快速繁育主要分为脱毒试管苗驯化和脱毒驯化苗快速繁育。

1. 准备工作

(1)场地选择 脱毒苗快速繁育可以选择具有较好防虫等防护措施的温室进行基质栽培,可以更大程度地防止土传病害以及病毒病的传播,栽培容器可选用软塑料营养钵、育苗盘,或者将苗直接移栽在基质苗床上。

(2)选配基质 基质的作用是固定幼苗、吸附营养液、改善根际透气性。基质应具备良好的物理特性,通气性好;具有良好的化学特性,不含对植物和人类有毒的成分,不与营养液中的盐类等发生化学反应而影响苗的正常生长;对盐类要有良好的缓冲能力,可维持稳定、适宜植物个体的 pH。基质分为有机基质和无机基质,有机基质主要有泥炭和炭化稻壳等,无机基质主要有炉渣、沙、蛭石、次生云母矿石、珍珠岩等。在应用时可将多种基质混合,取长补短。

(3)场地、工具及基质的准备　移栽场地及所用工具必须进行灭菌消毒。基质要充分混匀,用 75%百菌清可湿性粉剂 1 000 倍液等喷雾,然后装入育苗盘或苗床。

(4)营养液配制　营养液的配制方法与培养基的配制方法相似,大量元素和微量元素分开配制。需要注意配方的浓度单位,正确称量。大量元素在配制过程中要防止发生沉淀,最好先分别溶解,再加入盛水容器中,充分搅拌。常用的几种钙素除硝酸钙外,溶解度都比较低,溶解时应先加一定量的水。微量元素用量小,为避免每次称量麻烦,一般先配成母液,低温避光保存,使用时将一定比例的母液取出加入营养液中。用温水溶解可加快溶解速度。营养液成分混合好后,先测定 pH,然后用稀酸、稀碱进行调整,控制 pH 在 5.5~6.5 较为合适。

2. 脱毒试管苗驯化　脱毒试管苗驯化(图 2-4)步骤如下:

(1)试管苗移栽　首先将试管苗基部培养基清洗干净,可用百菌清 1 000 倍液或 0.02%高锰酸钾溶液等杀菌剂浸泡 5~6 分钟,再用清水清洗 1 次。移栽时,先用小木棍在基质上开一个大小适中的洞,将苗根部轻轻植入洞内,回填基质并轻轻按压根际基质,淋上定根水。移栽后 1~2 周为关键管理阶段,此时组培苗比较纤弱,适应能力差,应注意遮阳、保温、保湿、通风透气,以温度 20~25℃、空气相对湿度 80%~90%为宜。移栽后 3 天内保持弱光,苗成活后逐步增强光照。本阶段可根据苗的长势,结合浇水适量施用 3~5 倍 MS 大量元素营养液。

图 2-4　脱毒试管苗驯化

(2)"绿化"炼苗　温室组培苗移栽成活 4~6 周后,可逐渐移至大棚进行"绿化"炼苗。本阶段的特点是幼苗由驯化期、缓苗期进入正常生长期。根系刚恢复正常生长,幼叶长大,嫩芽抽梢,肥水管理非常重要。首先,可结合浇水浇灌营养液。一般每 7~10 天应供给营养液 1 次。"绿化"前期,秧苗较小,营养液的浓度应低一些,随着秧苗长大,营养液的浓度可逐渐加大。其次,要逐渐延长光照时间,增加光照强度。绿化室内光照强度应由弱到强,循序渐进,光照强度增加过快会导致秧苗灼伤。有条件的可在"绿化"期进行人工补充光照,使秧苗受光照强度在 5 000 勒克斯以上。最后,"绿化"室内秧苗密集,空气湿度大,病害易发生,每隔 7~10 天需喷百菌清 1 000 倍液等防治病菌。

3. 脱毒驯化苗快速繁育　脱毒试管苗驯化好之后,待苗长至 15~20 厘米,可继续扦插、快速繁育。一开始,驯化苗还较弱,壮苗培育为管理重点。同时,要做好烟粉虱、蚜虫等传毒媒介的防控,防止传染病毒病。

第二节　甘薯健康种薯繁育技术

一、甘薯良种繁育体系

长期以来,人们一直在探索简便、经济、高效的甘薯良种繁育的方法,旨在满足甘薯生产对优质健康种薯种苗的需求。目前,甘薯生产上采用的良种繁育体系包括甘薯四级种子繁育体系、脱毒甘薯三级种子繁育体系和脱毒甘薯二级种子繁育体系等。

1988 年,河南科技大学、河南农业大学及有关科研院所的专家教授以优良品种的育种家种子为起点,应用重复繁殖技术路线和严格的防杂保纯措施,把繁殖种子按世代高低和质量标准分为四级,即育种家种子—原原种—原种—良种的逐级繁育程序,称为农作物四级种子生产程序。该程序在一定程度上促进了我国种子产业的发展,有利于构建先进的种子生产体系。2000 年左右该程序应用于甘薯种薯生产繁育中,有效地防止了甘薯品种的混杂和退化,保持了新品种的遗传特性,延长了良种在生产上的使用年限,实现了选育、繁殖、推广一体化,加快了甘薯种薯产业化的进程。

随着生产的发展,甘薯四级种子生产程序出现一系列问题,如快繁程序烦琐,使甘薯良种的推广受到限制;繁种周期长,内陆地区夏季高温高湿的环境致使烟粉虱大暴发,在开放种植条件下传毒媒介烟粉虱和蚜虫控制困难,对种薯繁育的安全性造成很大的隐患,已不能满足生产需求。生产上对脱毒种薯种苗的需求也越来越多,因此,又衍生出了脱毒甘薯三级种子繁育体系(育种家种子脱毒试管苗——一级脱毒种—二级脱毒种—商品种薯)和脱毒甘薯二级种子繁育体系(育种家种子脱毒试管苗——一级脱毒种—商品种薯)。

脱毒甘薯三级种子繁育体系适于在我国高海拔、夏季气候冷凉、烟粉虱和蚜虫等传毒媒介少的地区推广应用。繁种环境是影响种薯质量的关键因素,高海拔冷凉地区不利于烟粉虱等的繁殖,繁育脱毒种薯带毒率明显较低,因此,近些年出现了"东种西繁"的种薯繁育模式。西部冷凉地区三级种子繁育模式可显著提高种薯质量,推动我国甘薯种业的健康发展。

脱毒甘薯二级种子繁育体系繁育周期短,种薯质量显著优于其他繁育体系,尤其适宜夏季烟粉虱、蚜虫高发地区采用。目前,脱毒甘薯二级种子繁育体系已在设施条件较好的地方大范围推广应用,应用前景广阔。二级良种繁育体系由于在种薯生产过程中只有 1 年处于开放条件下种植,温室和大棚繁育基础脱毒试管苗期间传毒媒介相对容易控制,因而保证了种薯质量。

二、甘薯健康种薯繁育技术要点

(一)选择适宜的繁种田

繁种田(图2-5)应尽量选择无烟粉虱、蚜虫等传毒害虫的地区,周边至少2 000米内无商品甘薯种植,所用地块土层较厚、土壤肥沃、排灌方便,至少3年没种过甘薯,无茎线虫病、根腐病、黑斑病、小象甲等病虫害。

图2-5　种薯繁育田

(二)田间种植

1. 选取壮苗　选用健康(脱毒)壮苗。健康(脱毒)壮苗标准:叶色浓绿,叶片肥厚、大小适中,顶部三叶齐平;茎粗节短,茎韧不易折断(折断后浆汁浓);苗龄30~35天,苗高20~25厘米,百株苗重750~1 000克;茎粗约5毫米,节数为5~7节,节间长3~5厘米;全株无气生根,无病斑,无病虫害。

2. 起垄施肥　前茬作物收获后,及时整地起垄,起垄时同时施入肥料,一般每亩可施有机肥2 000~3 000千克,纯氮10~15千克,硫酸钾15千克,过磷酸钙30千克,或者根据土壤肥力条件进行科学配方施肥。

3. 合理栽插　通常采用斜栽法或平栽法栽插,可促进多结薯、均匀结薯。种薯栽夏薯较好,一般栽植密度为4 000~5 000株/亩。

(三)病虫害防控

病虫害防控是决定种薯质量的关键环节。起垄时可同时撒施辛硫磷、毒死蜱等颗粒剂,防治地下害虫。栽苗时可用50%多菌灵胶悬剂500倍液、50%甲基硫菌灵可湿性粉剂700倍液等浸苗处理,或穴施70%吡虫啉粉剂等。在种薯生长过程中,要勤检查植株生长发育情况,发现异常植株要及时清除。为防控烟粉虱、蚜虫等传毒媒介的危害,可悬挂粘蚜板,同时,可用啶虫脒乳油等兑水后喷施,每隔10天左右喷洒1次,在施用药剂时要做到不同种类的药剂交替施用。此外,用脱毒种苗繁育种薯需要更加精细的管理。

第三节　甘薯健康壮苗培育技术

一、甘薯主要育苗方法

目前,河南省主要采用冷床和温床两种育苗方法。

(一)冷床育苗法

冷床育苗一般是在塑料大棚、日光温室、暖棚、小拱棚等设施内整理出苗床,排种后在苗床上覆盖地膜。一般河南省育苗期温度较低,覆膜不仅能保温、保湿,提高苗床温度,还能提高土壤养分利用率,但要时刻关注出苗情况,及时抠膜掀棚,防止烧苗。同时,若想进一步提高温度,可在苗床上再搭盖小拱棚,形成"地膜+小拱棚+塑料大棚"的"三膜"育苗法或"地膜+小拱棚"的"双膜"育苗法。冷床育苗的优点是节约能源,利用自然光热保证温度和薯苗生长,缺点是极寒温度或连阴天会导致棚内温度过低产生冻害,以及温度不稳定时薯苗生长缓慢。

(二)温床育苗法

温床育苗需要对苗床进行人工增温,以提高出苗速度。可根据当地实际情况,选择适宜的加温方式,生产上主要有以下三种加温方式。第一种是利用柴草或者煤炭为燃料加温土壤提高苗床温度进行育苗,采用该方法可提早育苗,出苗快而多。第二种是利用特制的电热线加温土壤进行育苗,叫作电热温床育苗。该方法具有温度均匀、加温方便、便于管理等优点,但须注意安全用电。第三种是酿热温床育苗法,在冷床底部挖 12~15 厘米深的土坑,垫装 10~12 厘米厚的鲜厩肥、枯草落叶等,利用生物酿热释放的热能提高苗床温度。酿热物要选择不含病虫害、未经分解的厩肥及其他有机质,在使用前一周铺好。

育苗方法需要根据生产需求和各地实际情况进行选择,也有地区将几种育苗方法结合起来综合运用,以利于提早出苗、增加出苗量、合理利用自然条件、节约育苗成本(图 2-6 至图 2-9)。

图 2-6　地膜+小拱棚

图 2-7　地膜+塑料大拱棚

图 2-8　地膜+小拱棚+塑料大拱棚

图 2-9　地膜+小拱棚+暖棚

二、甘薯健康壮苗培育技术要点

(一)甘薯苗床和种薯准备

1. 苗床准备　苗床地址宜选择背风向阳、排水良好、土层深厚、土壤肥沃、土质不过黏过沙、靠近水源、管理方便、无病虫害、无污染的生茬地或 3 年以上未种甘薯的地块。育苗床在排种前应施足基肥,一般每亩施用腐熟的有机肥 3 000~4 000 千克,复合肥 50~100 千克,基肥和床土应混合均匀,以免烧苗。一般育苗床宽 1.2~1.5 米,具体宽度可根据场地大小、是否便于管理等做适当调整。苗床挖好后,将床底和四面的床壁铲平,便于排种。高畦滴灌育苗在施肥后,将苗床旋耕整平,然后把滴灌带铺设在整好的地平面上,滴灌带出水口朝上,滴灌带间距 20~25 厘米,单侧安装主管带的滴灌带长度不宜超过 40 米,如果苗床长度超过 50 米,可以在中间安装主管带,向两侧安装滴灌带。

2. 种薯准备　选择具有品种典型特征、薯皮颜色正常、薯块大小适中且无冷、冻、涝、伤和病虫害,薯块大小均匀的健康(脱毒)种薯。排种前为防止薯块带菌,要浸种灭菌 10 分钟(图 2-10)。浸种液可选用 51~55℃温水、70%甲基硫菌灵可湿性粉剂 800 倍液、50%多菌灵可湿性粉剂 500~800 倍液等。

图 2-10　药剂浸种

(二)甘薯排种覆膜

1. 排种　一般在 3 月中下旬开始排种(图 2-11),具体排种时间根据天气、温度、是否具备加温设施、种植时间等情况来定。排种方式和密度根据品种萌芽特性确定,如出苗少的品种宜采用斜排法,头压尾的 1/3,排种密度每平方米为 25~30 千克;出苗较多的品种宜采用平排、稀排法,种薯间保留 1~5 厘米间隙,排种密度每平方米为 10~20 千克。排种时要分清头尾,不应倒排,做到上齐下不齐,以方便后续盖土管理。

2. 覆膜　种薯排好后把过筛的土壤均匀地覆盖在上面,厚度 2~3 厘米。覆土后应浇透水,再覆盖一层细沙,厚度 1 厘米左右。覆沙后覆盖一层塑料薄膜,薄膜厚度 0.04 毫米左右。高畦滴灌育苗可挖取苗床区道的土覆盖在种薯上面,灌缝后土层厚度为 3~5 厘米,形成高畦,然后再覆膜。覆膜后每间隔 5 米插入地温表,深度 10~15 厘米。苗床上方搭建拱形支架,覆盖塑料薄膜,薄膜厚度 0.13 毫米左右,塑料膜外可覆盖一层草苫子或其他保温

图 2-11 甘薯排种

材料。

(三)甘薯苗床管理及采苗

1. 前期高温催苗 排种前使床土温度上升到 30℃ 左右,排薯后使床温上升到 32~35℃,保持 3~4 天,可抑制黑斑病等病菌的侵染,然后降温到 29~32℃。种薯上床时应浇足水,一般在幼芽拱土前不要浇水,如床土干旱,可少浇水。

2. 中期平温长苗 甘薯出苗后,床温应保持在 25~30℃。此阶段一般保持土壤适度湿润,干旱时可在 8:00~9:00 浇水。初期水分不足,根系伸展慢,叶小茎细,容易形成老苗;初期水分过多,则土壤透气性不足,影响萌芽;在高温、高湿条件下,薯苗幼嫩,易发生徒长。除通风换气、浇水外,还应让薯苗充分接受阳光。如果白天棚内温度过高,应及时通风降温,避免烧苗。

3. 后期常温炼苗 薯苗生长到 15 厘米以上时,应停止或减少浇水,并降低苗床温度,待薯苗高 25~30 厘米即可采苗。采苗前 3~5 天,适当通风散热,逐渐揭膜炼苗,将床温降至大气环境温度,使苗粗壮,以利成活。

4. 及时采苗 当薯苗高 25~30 厘米,应及时采苗。采苗要杜绝拔苗(图 2-12),采取高剪苗的方式,即在离床土表面约 5 厘米部位剪苗,保留底部 1~2 个叶片,以利于下茬苗快发(图 2-13)。高剪苗方式可有效减轻薯苗黑斑病、茎线虫病等病害,降低幼苗带病率,有效防止或减轻大田病害的发生。同时,高剪苗不破坏芽原基,不影响下一茬出苗量。

5. 采苗后的管理 采苗当天不浇水,以利伤口愈合和防止病菌感染。采苗后 1 天,结合浇水,每亩可施复合肥 50~60 千克或尿素 20~30 千克,促使薯苗继续生长。

图 2-12 苗床拔苗(山东省农业科学院 汪宝卿提供)

图 2-13 苗床高剪苗(山东省农业科学院 汪宝卿提供)

第三章　甘薯栽培关键技术

甘薯栽培是通过优化协调品种特性、环境因素和农艺措施来实现甘薯产量和品质提升的技术体系，为甘薯优质、高产、绿色、高效、安全生产提供综合性解决方案。河南省甘薯种植分布区域范围广，种植面积不断扩大，生产技术不断提高，但不同地区种植水平参差不齐，部分甘薯从业者对甘薯先进栽培技术的掌握仍不够全面。本章主要介绍了甘薯地膜覆盖、平衡施肥、化学调控、水肥一体化、机械化作业及特用甘薯栽培等关键技术，旨在为甘薯生产提供实用的技术方案，全面提高河南省甘薯种植水平。

第一节　甘薯地膜覆盖技术

地膜覆盖是甘薯优质、高产、高效栽培的重要措施之一。在生产上，春薯栽插常遇到低温天气，夏薯栽插常遇到干旱天气，且甘薯怕涝害，地膜覆盖能够为甘薯栽培提供良好的土壤小环境。近年来，随着甘薯产业的不断发展，地膜覆盖在春薯增温、夏薯保墒、协调源库关系、提高产量、改善品质等方面作用突出，尤其是各地因适应市场需求、提前甘薯上市时间等因素，大力推广应用甘薯地膜覆盖技术。并且，随着研究的不断深入，地膜覆盖操作技术进一步规范，应用效果更加显著。

一、地膜覆盖增产原理

(一)覆膜对土壤特性的影响

1. 提高土温　覆膜可以提高土壤温度。甘薯不耐低温，薯苗只有在16℃以上才能正常发根，植株在15℃时停止生长，6℃以下冻死，块根膨大的适宜温度为22~23℃，茎叶生长旺盛的适宜温度为26~30℃。地膜覆盖的土壤耕作层的温度，一般比露地提高2~3℃，可促进甘薯早缓苗、早发育。甘薯用地膜覆盖，土壤能更好地吸收和储存太阳辐射能，地面受热增温快，散热慢，不仅起到保温作用，还提高了全生育期的土壤积温，从而为甘薯块根生长打下良好的基础。

不同地膜对土壤温度的影响不同。无色膜土壤温度平均比黑色膜高3.8℃，6~7月无色膜的土壤温度基本上都在30℃以上，不利于块根前期膨大，而黑色膜可以将土壤温度控制在28℃左右，有利于茎叶生长，同时更有利于形成促进块根膨大的温度。在昼夜温差方面，黑色膜与无色膜之间存在很大的差异。覆膜在甘薯生长前期可以增加昼夜温差，提高甘薯品质，尤其是覆无色膜的昼夜温差比不覆膜的可以提高5.4℃，覆盖黑色膜比不覆膜的平均高1.6℃。

2. 减少蒸发,保水保墒　地膜覆盖可以提高耕层土壤含水量,为栽插创造了较好的墒情。覆膜后地膜与地面之间形成了2~5毫米厚的狭小空间,切断了土壤与外界的水汽交换,抑制了土壤水分蒸发,增加了膜下空气湿度,保证耕层土壤有较高的含水量,特别是天气干旱时地膜覆盖保墒效果更为理想。地膜覆盖能提高0~20厘米土层的土壤相对含水量10.0%~18.1%,且覆盖黑色膜比覆盖无色膜高1.2%~5.1%。覆盖黑色膜后各土层的含水量受外界影响小,相对较稳定,可起到更好的保水作用。

3. 改善土壤结构　地膜覆盖可改善土壤的物理性状,防止土壤盐渍化,抑制杂草生长,减轻病虫危害。土壤容重是土壤质地、结构、孔隙等物理性状的综合反映。土壤容重适中,透气性好,根系呼吸作用旺盛、生理机能活跃,能促进甘薯根系的正常生长及块根的膨大;土壤容重过高,土壤透气性差,微生物活动受到抑制,养分分解慢,易板结龟裂,抑制甘薯根系生长及块根膨大;土壤容重过低,土质疏松,漏水漏肥严重,养分供应不足,耐旱性差,对根系的生长发育和块根膨大不利。覆膜栽培后土壤表面不受雨水直接冲击,可使耕作层保持松软,显著改善土壤的理化性状,降低土壤容重,缓解土壤板结,既有利于前期薯苗根系生长,又有利于后期薯块膨大。

4. 提高土壤养分利用率　地膜覆盖改善了土壤的质地和结构,保持了适宜的三相(固相、液相、气相)比例,增加了土壤温度和湿度,提高了水分、养分的利用率。同时,地膜覆盖改善了土壤微生物的生存环境,提高了土壤中微生物的数量和活性,加速了土壤养分转化,显著提高了甘薯生长前期土壤中的速效养分含量,利于根系发育,有效防止了甘薯生长中后期土壤中的速效养分的流失,减少环境污染,并且为块根的膨大奠定了良好的物质基础。

(二)覆膜对甘薯生长发育的影响

1. 对地上部营养生长的影响　地膜覆盖由于能增温保墒,在促进甘薯地上部营养生长方面主要表现在栽插早、还苗早、分枝结薯早、封垄早。甘薯用地膜覆盖栽培可促进薯苗早期生长发育,使缓苗提前3天,分枝提前2~3天,封垄提前3~4天。覆膜后,发棵早,长势旺,栽后30天的幼苗叶片数多、主茎长。不同地膜对甘薯地上部生长的影响有所不同,研究发现,黑膜处理的前期地上部生长强于无膜处理,但是弱于无色膜处理,栽后104天,不同处理方式的地上部生长均达最大值,随后逐渐下降,但黑膜处理的下降速度最慢,黑膜处理既不过分徒长也不早衰,有利于光合产物积累。此外应注意,并不是所有的覆膜都能促进地上部茎叶生长,覆膜也可能会抑制地上部茎叶生长。

2. 对地下部根系生长的影响　地膜覆盖由于改善了根部土壤小环境,对于甘薯根系发育有较强的促进作用,能促进根系快速、尽早发育,优化苗期根系结构,为获得高产奠定良好的基础。研究发现,移栽后第12天,覆膜甘薯须根长度增加55%,根系生物量增加64%。覆黑色膜和覆无色膜处理与无膜处理相比,均显著增加甘薯秧苗栽植后第10天和第20天的幼根数量、总长度、鲜重、表面积、体积和幼根根系的吸收面积、活跃吸收面积,覆黑色膜优于覆无色膜。在茎叶旺长期,覆膜能较早地使光合产物向地下部转移,促进块根的膨大。覆膜处理也显著提高了甘薯的单株有效薯块数和单薯鲜重,同样的覆黑色膜优于覆无色膜。

3. 改善甘薯品质　地膜覆盖通过提高甘薯块根膨大期干物质初始积累量和积累速率,

增加单株结薯数和单薯重,从而提高薯块的商品性。覆膜的甘薯大中薯率比无膜处理提高了6%~11%。覆膜对甘薯块根品质的影响因品种而异。研究发现,覆膜处理的济薯18块根的干物质含量、总淀粉含量、直链淀粉含量、可溶性糖含量、花青素含量显著增加,可溶性蛋白含量降低,支链淀粉与直链淀粉之比下降,快速黏度仪各项指标显著低于无膜对照。甘薯覆盖黑色地膜处理下的可溶性蛋白含量高于覆盖无色膜处理和对照。

4. **降低病虫草害,提高甘薯耐盐性**　地膜覆盖对甘薯病虫害的影响主要表现在对甘薯茎线虫病的影响方面。甘薯茎线虫病是甘薯生产上的一种毁灭性病害,地膜覆盖可有效利用太阳辐射能,提高土壤温度,杀死线虫。膜下高温可烫死杂草,减少除草用工,尤其是用黑色地膜覆盖,可以抑制杂草的生长,不用喷洒除草剂,省工省力,有效减少杂草,避免杂草与甘薯争夺肥水和空间等。此外,地膜覆盖后,由于土壤水分的运动是由下往上移动,表土的水分含量高,相对降低了土壤盐分含量,从而起到了抑盐的作用,提高了甘薯的耐盐碱能力。与耐盐碱品种相配套,地膜覆盖能解决在0.3%~0.6%盐碱胁迫下保苗难、生长发育迟缓的问题,为盐碱地甘薯生产提供了新的途径。

二、地膜的选择

(一)地膜的类型

地膜的类型有很多,根据地膜颜色,甘薯生产中应用较多的主要有以下几种:

1. **无色膜**　也称为普通地膜,是在生产上应用最普遍的聚乙烯透明薄膜。这种地膜的优点是透光性强,土壤增温效果好,提高作物对光能的利用率,加速土壤有机质的腐化过程,提高肥效,保水抗旱,促进甘薯早熟、高产,广泛用于春季增温和蓄水保墒。缺点是土壤湿度大时,膜内形成雾滴影响透光。

2. **黑色膜**　黑色地膜在阳光照射下,本身增温快、膜下湿度高,但传给土壤的热量较少,增温作用不如透明的无色膜。但由于其可阻挡光线透过,所以黑色地膜能显著抑制杂草生长。

3. **黑白膜**　此类地膜为黑白相间膜,在中间部约20厘米宽无色透明,其两侧为黑色。在甘薯移栽时,地膜的无色透明部分透光性好,可提高地温;黑色部分可起到防草作用。

(二)地膜的选购

1. **根据需要选择地膜**　如果早春移栽甘薯,此时地温较低,要想通过覆盖地膜提高土壤温度,则最好选用无色膜,因为此类膜透光性好,对表土的增温效果好;如果移栽时期较晚,覆膜的目的主要是防草,则可选用黑色膜(图3-1);如果希望通过地膜覆盖实现增温和防草两个目的,则宜选用黑白膜。

2. **根据垄宽选择地膜**　甘薯多为起垄种植,因此地膜的选用要考虑其宽度。一般机械化作业覆膜条件下,可选择和起垄宽度相同或相近的地膜,如果人工覆膜则宜选择略大于垄宽的地膜。地膜的厚度,一般推荐选用薄厚适中的地膜,因为不同厚度的地膜对保墒增温的作用差异不大。地膜过厚成本较高;地膜过薄则回收困难,造成土地污染。

3. **注意地膜的有效使用期**　购买农用地膜时首先要看产品合格证和生产日期,选择有效质量保证期内的地膜,因为农用薄膜会随着时间的推移而老化,缩短使用寿命,甚至失去

图 3-1　春甘薯覆黑色膜栽培

应有的作用。

4. 看地膜的外观质量　市场上有些农用地膜厚薄不均匀,在使用过程中薄的地方容易破损,影响保温效果;有的地膜在使用中会出现水纹或云雾状斑纹,甚至有气泡、穿孔、破裂等,这些瑕疵将严重影响地膜的增温或保墒效果。因此,选购地膜时,应检查其厚薄是否均匀,是否存在起褶破损现象。高质量的地膜整卷匀实,外观平整,厚度均匀,横向和纵向的拉力都较好。

三、甘薯地膜覆盖技术要点

(一)选择适宜地块

覆膜要求盖优不盖劣,选择土层深厚、地力肥沃、质地疏松、保墒蓄水、有机质含量较高的地块,土层薄、土壤贫瘠、墒情差的地块不适宜覆膜栽培。

(二)足墒起垄、施足基肥

起垄前土壤相对含水量不低于60%,以80%最为适宜。墒情不足时,要人工造墒起垄。作垄前一次施足基肥,一般每亩施用充分腐熟农家肥2 000~3 000千克或商品有机肥200~500千克,纯氮5~10千克,五氧化二磷3~6千克,氧化钾10~20千克,其中60%~70%的有机肥结合深翻施入土壤,剩下的有机肥与化肥一起在起垄时集中施入垄内。甘薯施肥应以基肥为主,追肥为辅,化肥施用应少施氮肥、增施磷钾肥。起垄采用机械起垄,各地根据当地种植制度确定垄距,一般单垄单行70~90厘米,大垄双行110~120厘米,要求垄直、面平、土松、垄心耕透无漏耕,南北走向。

(三)覆膜增密、壮苗早栽

1. 地膜覆盖　覆膜方法有人工覆膜和机械覆膜,机械覆膜技术因效率高,得到大面积应用。一般采用栽前覆膜,地膜规格为0.01毫米厚。覆膜前要进行化学除草,可用乙草胺等除草剂兑水进行垄面喷施。确保喷洒均匀、无遗漏,喷后不要破坏表土。可根据具体情况选择无色膜、黑色膜或黑白膜,要求地膜完整,紧贴表土无空隙,用土压实。

2. 选用壮苗　薯苗选用健康壮苗的高剪苗。栽插前可用多菌灵或甲基硫菌灵可湿性粉剂兑水后浸苗基部 5~10 厘米 10 分钟。

3. 栽插时间　适时早栽,春薯一般 4 月中下旬气温稳定在 13~15℃时即可进行薯苗移栽,比露地栽培提前 7 天左右。

4. 增加密度　地膜覆盖比露地栽培每亩增加 500 株。栽插方式一般采用平栽或斜栽,栽深 7~10 厘米,地上部保留 2 个节和顶部 3 片叶,其余部分连同叶片全部埋入土中。

（四）加强田间管理

1. 查苗补苗　栽苗后 4~5 天进行查苗补苗,避免小苗缺株,力争全苗。

2. 前期管理　前期管理以促群体为主,苗期植株较小,遇到干旱情况,应根据具体情况及时灌溉,遇到连续降雨及时排水,并中耕除草培垄,促进甘薯根系形成、分化和膨大。

3. 中期管理　中期注意化学控旺,在薯蔓盛长期,降雨增多,藤蔓易徒长,可用烯效唑可湿性粉剂兑水,进行叶片喷施,每 5~7 天喷 1 次,共喷 2~3 次,也可根据甘薯长势酌情增减用量。同时,注意开沟排涝,防止田间积水。

4. 后期管理　后期注意防治甘薯天蛾、甘薯麦蛾等害虫。

（五）适时收获

当气温降至 15℃时,甘薯不再生长,此时一般可以开始全面收获。可采用机械打蔓、破垄、挖掘,人工捡拾、分装。一般上午收获,中午田间晾晒,当天下午入窖。收获时应轻刨、轻装、轻运、轻卸,尽量用塑料周转箱等装运,以减少薯皮破损。

第二节　甘薯平衡施肥技术

生产实践中,充分了解甘薯的需肥规律,掌握科学的施肥技术,是提高甘薯产量、改善甘薯品质,达到合理投入、高效产出的关键。

一、甘薯需肥特征

甘薯是块根作物,根系发达、吸肥能力强,每生产 1 000 千克鲜薯,一般需要从土壤中吸收 3.5 千克氮(纯氮)、1.8 千克磷(五氧化二磷)、5.5 千克钾(氧化钾)。从全生育期来看,甘薯对氮、磷、钾营养三要素的需求以钾最多,氮次之,磷最少,氮、磷、钾的需求比例约为 2:1:3。此外,微量元素铁、锰、铜、锌、硼等不仅对甘薯产量和品质的提升有一定的促进作用,还可以提高其抗病虫害的能力。氯也是微量元素的一种,适量施用含氯化肥也可提高甘薯块根产量,但当施用氯化铵、氯化钾等含氯化肥超过一定量时,会导致淀粉型甘薯薯块淀粉含量降低;对鲜食型甘薯来讲,将使薯块不耐储藏,同时可溶性糖含量下降,品质降低。

从不同生育期来看,甘薯对肥料的需求因生育期不同而异,刚移栽后的薯苗根系不发达,对氮、磷、钾养分的需求量较少,从分根结薯期开始一直到薯蔓并长期,甘薯对氮、磷、钾养分的吸收速率加快,到薯块膨大期吸收速率达到高峰,此时期甘薯地上部生长迅速,地下部块根迅速形成,此后甘薯对氮、磷养分的吸收量逐渐减少,而对钾的吸收量仍保持较高水平,从而保证地上部营养物质快速向地下部转移,促进甘薯块根膨大。再者,不同营养元素在甘薯不同器官的分配因生育期而异:氮肥以茎叶生长期吸收较多,块根膨大期吸收较少;磷肥在茎叶生长中期吸收较少,而在块根膨大期吸收较多,施磷肥能明显促进根系生长;钾肥在茎叶生长中期吸收较少,而在块根膨大期吸收较多。

有机肥营养丰富全面,既有改良土壤和增加土壤有机质的效果,又能增强土壤的保肥、保水和供肥、供水能力,对提高甘薯产量和品质有重要作用,应适量多施用。农家肥应充分腐熟后施用。

二、主要营养元素对甘薯生长的作用

(一)钾

钾是甘薯中含量最丰富的矿质元素,甘薯也是对钾肥需求最多的作物之一。钾虽然不参与生物大分子的构成,但对促进蛋白质的构象,增强植物的光合作用和抗逆性起重要作用,被称为"品质元素"。甘薯施钾能延长叶片功能期,提高叶片光合作用强度,促进光合产物向块根运输,进而提高块根淀粉与糖分的含量;能加强块根形成层活动的能力,加速块根膨大;能增强细胞的保水能力,提高植株抗旱性;还能提高甘薯的抗病性和耐储性。钾素吸收从开始生长到收获较氮、磷都高。随着叶蔓的生长,吸收钾量逐渐增大,地上部从盛长逐渐转向缓慢,其叶面积系数开始下降,茎叶重逐渐降低,薯块快速膨大期特别需要吸收大量的钾素。据研究,当甘薯叶片中氧化钾含量低于0.5%时,即出现缺钾症状。缺钾症状表现为生长前期节间和叶柄变短,叶片变小,接近生长点的叶片褪色,叶的边缘呈暗绿色;生长后期老叶叶脉间严重失绿,叶片背面有斑点,不久发黄脱落。缺钾时,老叶内的钾能转移给新叶利用,所以缺钾症状往往先从老叶表现出来。

(二)氮

氮素对甘薯营养器官的形成和生长有良好的促进作用,施氮能有效地促进茎叶生长,增加绿叶面积,并使叶色鲜绿,提高光合能力。但在施氮过多时,叶片中含氮量也随之提高,光合作用制造的碳水化合物被叶片形成大量的蛋白质所消耗掉,碳水化合物向块根运输很少,茎叶发生徒长现象,块根膨大变慢,产量下降。甘薯对氮素的吸收前、中期速度快,需求量大,茎叶生长盛期对氮素的吸收达到高峰,后期茎叶衰退,薯块迅速膨大,对氮素吸收速度变慢,需求量减少。甘薯叶片含氮量占干物质重量的4%以上时,同化作用所产生的养料向地上部转移;少于2.5%时,就会降低光合强度;少于1.5%时,就会出现缺氮症状。甘薯缺氮时,老叶首先缺绿,植株生长缓慢,叶片数、分枝数减少,叶片缩小,茎蔓细,节间短,叶片边缘及主脉均呈紫色,老叶变黄脱落。

(三)磷

磷对甘薯高产及保持品种的优良特性有明显的作用。磷对甘薯的营养生长、块根的形成及淀粉、可溶性糖的积累都有良好的促进作用,尤其可以促进甘薯根系发育,增强抗旱和抗寒的能力,从而提高块根产量。随着茎叶的生长,磷素吸收量逐渐增大,到薯块膨大期吸收利用量达到高峰。甘薯大部分生长期间含磷量为0.3%~0.7%,生长末期为0.2%~0.3%。当叶片含磷量低于0.1%时,出现缺磷症状。甘薯缺磷表现为幼芽、幼根生长慢,茎蔓变短变细,叶片变小,叶色暗绿少光泽,老叶出现大片黄斑,之后变为紫色,不久叶片脱落。

（四）钙、镁、硫

钙、镁、硫是甘薯生长所必需的中量营养元素。当叶片中含钙量小于 0.2% 时，甘薯出现缺钙症状，表现为幼苗生长点死亡，叶变小，大叶片有褪色斑点。当叶片中含镁量少于 0.05% 时，甘薯出现缺镁症状，表现为小叶向上翻卷，老叶叶脉间变黄。当叶片中含硫量少于 0.08% 时，甘薯出现缺硫症状，表现为幼叶先发黄，叶脉呈绿色窄条纹，最后整株叶片发黄。此外，值得重视的是，缺钙条件下，可能伴有缺铁并发症；缺镁条件下，可能伴有缺硫并发症。

（五）微量元素

微量元素虽然在植物体内含量很少，仅占植株干重的 0.1%，但也是其正常生长发育所必需的，缺乏时会导致植株减产或品质下降。植物必需的微量元素包括铁、锰、硼、锌、铜、钼、氯、镍 8 种。甘薯缺铁时开始表现为幼叶褪色，叶脉保持绿色，叶肉黄化，严重时叶片发白，但无褐色坏死斑；缺锰时，叶肉缺绿发生黄斑，新叶叶脉间颜色变淡，随后出现枯死斑点，使叶片残缺不全；缺硼时，蔓顶生长受阻逐渐枯死，叶片呈暗绿色或紫色，叶变小、变厚、皱缩，节间变短，叶柄卷缩，薯块柔嫩而长，薯肉上出现褐色斑点；缺锌时，叶小、簇生，叶肉有黄色斑点，因此，又称小叶病或斑叶病；铜参与光合作用，缺铜导致叶片变黑、有坏死点；钼是硝酸还原酶和钼铁蛋白的组成成分，因此在植物氮代谢中起重要作用；氯在植物光合作用水的光解中起催化剂作用，叶和根中的细胞分裂也需要氯；镍是脲酶、氢酶的金属辅基，对植物氮代谢起重要作用，植物缺镍会导致尿素毒害。因此，生产上只有对甘薯进行各种养分补给，才能达到丰产。

三、甘薯施肥技术要点

在甘薯生产中，科学施肥不仅可以提高产量，还可以改善薯块品质，但施肥不当可能导致甘薯产量和品质下降。因此，应根据甘薯的需肥特点、土壤的养分含量、水分与气候状况等采取适宜的施肥方法。

（一）选择肥料

肥料的选择既要考虑甘薯对肥料的需求又要考虑基础地力的情况。除优质有机肥外，还可选择单元素肥料或复合肥料用于甘薯施肥。

如果是在整地时作基肥施入，则应以优质的有机肥为主，配合部分氮、磷、钾单元素肥料或复合肥料。有机肥若选用农家肥，则要充分腐熟。当选用复合肥作基肥时，由于甘薯对氮、磷、钾 3 种肥料的需求以钾元素最高，最好选择高钾型复合肥或甘薯专用肥。

如果是作追肥，则多用单元素氮、钾肥或含有氮、钾两种营养元素的水溶性肥料及液体肥料，肥料可条施、穴施或者通过水肥一体化设备进行追肥。采用甘薯水肥一体化设备施肥时，首选液体肥料，其养分含量高，溶解性好，施用方便，但是价格较高，运输不便。固体肥料可选用溶解速度快、腐蚀性小、与灌溉水相互作用小的肥料。同时，根据甘薯对氮、磷、钾养分的需求特征调节 3 种肥料的使用比例。

可溶性固体肥料在配制时要特别注意：①含磷酸根的肥料与含钙、镁、铁、锌等金属离子的肥料混合后会产生沉淀；②含钙离子的肥料与含硫酸根离子的肥料混合后会产生沉

淀;③最好现用现配;④对于混合后会产生沉淀的肥料应分别单独施入。

(二)确定施肥量

根据甘薯养分需求和土壤供肥特性确定施肥量,方法如下:

1. 土样采集　在上茬作物收获后,甘薯施肥前,采集土样。一般采用"S"形布点采样,在地形变化小、地力较均匀、采样单元面积较小的情况下,也可采用"梅花"形布点采样(图3-2)。采样深度为20厘米,取样器应垂直于地面入土,深度相同。所有样品都应用不锈钢取土器采样,注意采样点要避开路边、田埂、沟边、肥堆等特殊部位。

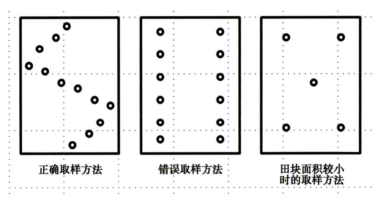

正确取样方法　　　错误取样方法　　　田块面积较小时的取样方法

图3-2　土样采集方法

2. 养分测定　土壤样品采回后要及时放在样品盘上,摊成薄薄一层,置于干净整洁的室内通风处自然风干,测定土壤中有效养分含量,包括土壤有机质、全氮、碱解氮、速效钾、有效磷等。

3. 计算施肥量　甘薯养分需求量依据目标产量和甘薯每1 000千克产量养分吸收量来确定,计算公式为:

甘薯养分需求量=目标产量×甘薯单位产量养分吸收量

甘薯施肥量根据甘薯目标产量需肥量与土壤供肥量之差估算施肥量,计算公式为:

$$施肥量=\frac{甘薯单位产量养分吸收量×目标产量-土壤测试值×0.15×土壤有效养分校正系数}{肥料中养分含量×肥料利用率}$$

单位产量养分吸收量、土壤有效养分校正系数和肥料利用率等参数可咨询当地农技部门获得。

4. 制订配方施肥方案　一般每亩基施农家肥2 000~3 000千克或商品有机肥200~500千克。土壤全氮含量低于0.08%,碱解氮含量低于30毫克/千克时,可每亩施纯氮5千克;全氮含量低于0.05%,碱解氮含量低于20毫克/千克时,可每亩施纯氮10千克;碱解氮含量高于80毫克/千克时,可不施氮肥。速效磷含量低于20毫克/千克时,可每亩施纯磷5千克作基肥;高于50毫克/千克时,可不施磷肥。速效钾含量低于30毫克/千克时,可每亩施纯钾20千克;30~60毫克/千克时,可每亩施纯钾15千克;60~90毫克/千克时,可每亩施纯钾10千克;超过150毫克/千克时,可不施钾肥。

(三)施肥方法

1. 基施　施用基肥目前仍然是甘薯种植过程中的主要施肥措施。用于基施的肥料品

种以腐熟的畜禽有机肥、商品有机肥和多元素复合肥为主。甘薯基肥的施用有多种方式，传统的方式是在耕地前将需要施入的肥料均匀地撒于地表，随机械耕翻一起埋入土中。由于这种施肥方式使施入土壤的肥料非常分散，不利于甘薯根系的吸收，因此肥料利用率较低。后来人们将甘薯施肥时间改为土地耕翻之后，在起垄之前将需要施入的肥料均匀地撒于地表，在起垄时将所施肥料包于垄下，俗称"包馅肥"，大大提高了肥料的利用率。随着水肥一体化技术在甘薯栽培中的应用，更多的甘薯种植户选择在薯苗移栽后，通过水肥一体化系统随定苗水进行滴灌施肥。

2. 追施　如果土壤较为瘠薄或为保水保肥能力差的沙质土，则随着甘薯生长对养分的消耗，易引起后期缺肥，这时应进行追肥以保证甘薯正常生长和薯块膨大。追肥时一般以氮、钾肥为主，可选择在薯苗移栽后 75~100 天追施。该时期甘薯根系对养分的吸收能力较强，追施的养分可以快速被甘薯根系吸收，促进地上部生长和块根发育。对于水源充足、水分供应条件良好的地块，追施氮肥时应严格控制用量，以免造成营养过剩，引起甘薯茎叶徒长，导致地上部、地下部发育失调，影响薯块膨大而造成减产。

3. 叶面喷施　叶面施肥是补充植物营养成分的一种手段，用来弥补根系吸收养分的不足。甘薯叶面肥一般可选用尿素、磷酸二氢钾、硫酸钾等，为防止因肥液浓度太高对茎叶的损伤或浓度太低达不到应有的效果，叶面施肥时的肥液浓度一般为尿素 0.5%~2%、磷酸二氢钾 0.3%~0.5%、硫酸钾 1.0%~1.5%。喷施时，每亩用水量 50~60 千克，喷施次数不少于 2 次，喷施间隔至少要 1 周。由于甘薯叶片上的角质层使溶液渗透比较困难，可在肥液中加入适量的湿润剂，如中性肥皂、质量较好的洗涤剂等，以降低溶液的表面张力，增加药液与叶片的接触面积，提高叶面施肥的效果。为保证叶面施肥效果，叶面施肥应选择晴朗无风的早晨或傍晚进行。

4. 滴灌施肥　水肥一体化技术在甘薯栽培中的应用已得到薯农朋友们的认可，并得以快速推广应用。利用滴灌系统进行甘薯追肥的肥料种类多为高钾水溶肥，少数利用尿素配合硫酸钾进行追肥。

第三节　甘薯化学调控技术

甘薯块根产量的形成受多种因素的影响，其中内源植物激素是主要的影响因素之一。内源激素作为一种信息物质能调控植物的物质和能量的变化，从而影响同化物的形成和转运。外源化学调控可通过改变甘薯内源激素系统的平衡来达到调控产量的目的，在大田生产中，化学调控是协调库源关系、提高产量的有效措施。

一、甘薯化学调控机理
(一) 内源激素对甘薯地上部的影响

甘薯地上部包括叶片、叶柄和茎蔓，是同化物生产和运输的重要场所。研究发现，甘薯叶片吲哚乙酸、细胞分裂素和赤霉素含量均为前中期高、后期低，而脱落酸含量则是前中期低、后期高。而且，茎蔓和叶柄中吲哚乙酸和细胞分裂素含量显著高于叶片，脱落酸则正相

反,而赤霉素在三个部位无显著差异。有研究揭示,吲哚乙酸和赤霉素能促进叶片中蔗糖合成并向韧皮部转运,而叶片中脱落酸与同化物的输出及衰老过程中物质的动员和再分配有关。因此,内源激素在功能叶片中的变化可能与叶片生理活性强弱有关,同时,内源激素在地上部不同器官的分布模式可能与株型构建和促源促流有关。

(二)内源激素对同化物运输的影响

内源激素的含量和比例制约着物质流的流向。甘薯块根中脱落酸含量与 ATP 酶活性的变化趋势吻合,ATP 酶活性的提高可以增加 H^+/蔗糖的同向运输,促进碳同化物向块根的运输。在块根内部,促进甘薯块根膨大的细胞分裂素、脱落酸和吲哚乙酸含量均是顶部显著高于中部和尾部,而吲哚乙酸、赤霉素和细胞分裂素均有强化库器官活性、定向诱导同化物向下运输的作用,且脱落酸也可通过调节块根库中酸性转化酶活性,促进蔗糖的吸收和卸载。因此,甘薯块根的碳水化合物的转运是在激素系统的控制下从顶部向下转运的。

(三)内源激素诱导块根形成和发育

内源激素是甘薯块根形成和发育的重要信号物质。甘薯块根的形成和膨大是细胞分裂素、脱落酸、吲哚乙酸、赤霉素等多种内源激素协同作用的结果。玉米素核苷、二氢玉米素核苷和脱落酸含量的高低,在不定根能否转化形成块根和块根膨大的速率方面起关键的作用,与块根产量间存在显著正相关。玉米素和玉米素核苷、二氢玉米素和二氢玉米素核苷等是细胞分裂素的主要组成,其影响块根形成和膨大的作用机理是促进细胞分裂,抑制细胞伸长,促进细胞扩展。内源脱落酸水平与块根的加厚呈正相关关系,块根中较高的脱落酸含量有利于块根膨大。吲哚乙酸是刺激根原基发生的主要因素,块根的吲哚乙酸含量与块根直径的变化趋势一致。茉莉酸不仅诱导块根形成和直径增大的发生次数,还能抑制根系的伸长。另外,赤霉素和乙烯也可能影响块根的发育。

二、化学调控在甘薯上的应用

甘薯块根的产量取决于两个方面:一是总干物质的积累量,二是干物质向块根的分配比率。要想甘薯获得高产,就要保证"源"强、"流"畅和"库"大。甘薯高产取决于光合产物的高效积累和合理分配。近年来,随着甘薯施肥条件的不断改善,出现了地上部旺长而产量下降的现象。因此,既要前期"促叶促根",即促进地上部生长,保证足够大的地上部群体,同时,尽早促进块根的分化和形成;又要后期"控上促下",即控制地上部旺长,延长叶片光合能力,促进光合产物向块根转移。实践证明,化学调控是防止甘薯茎叶徒长,调控个体与群体以及地上部和地下部关系,提高块根产量的有效措施。

(一)甘薯上常用的化学调节剂及使用方法

甘薯上可用的化学调节剂有 ABT 生根粉、多效唑、烯效唑、矮壮素、甲哌鎓、甘薯膨大素、赤霉酸、萘乙酸、乙烯利、6-BA、芸苔素内酯等。下面介绍几种常用的化学调节剂在甘薯上的应用及其使用方法。

1. 多效唑 多效唑可抑制赤霉素的生物合成,具有延缓植物生长、促进分蘖、增强抗性等作用。研究发现,多效唑能促进甘薯分枝增多,节间和叶柄长度缩短,从而减少营养生长能量消耗,不仅有利于建立合理的密植群体,还能提高叶片叶绿素含量和光合效率,从而达

到增产目的。在适宜的时期喷施多效唑是增产的关键，在封垄前后进行多效唑的喷施，有利于控制茎叶徒长，提高甘薯产量，且封垄前后喷施时间越早，增产效果越好。陈晓光等发现喷施多效唑显著提高了块根蔗糖合成酶和腺苷二磷酸葡萄糖焦磷酸化酶活性，使得块根淀粉含量和淀粉积累速率显著提高，块根产量得以提高。喷施多效唑溶液对甘薯有较好的增产效果，但必须掌握喷施的合适浓度，否则也会造成减产。此外，多效唑在一些地区土壤中的残留期较长，植物根系可以吸收土壤中的污染物，可能会引起一些敏感后茬作物药害。

使用方法：一般在甘薯封垄前后，当发现地上部茎叶有旺长趋势时，及时用10%多效唑可湿性粉剂500~800倍液喷施，每隔7~10天喷施1次，连续喷施2~3次，可有效控制旺长。生产中为防止发生药害，可以先小面积试喷，经3~5天观察，若未发生药害，再进行全面喷施，以免造成较大损失。

2. 烯效唑　烯效唑也是一种赤霉素合成抑制剂，具有控制营养生长、抑制细胞伸长、缩短节间、矮化植株、增强抗逆性等作用，用量少且易降解，其活性较多效唑高6~10倍，在土壤中的残留量约为多效唑的1/10，对后茬作物影响小，适用于甘薯生产中控制茎叶旺长和促进块根膨大。研究表明，甘薯品种对烯效唑的反应差异不敏感，应用上具有广谱性。喷施烯效唑能不同程度地延缓地上部生长，从而减少蔓长和茎叶质量，降低地上能量消耗，不仅有利于建立合理的密度群体，提高光合效率，达到增产的目的，还有显著增强甘薯苗期根系中抗氧化酶活性的作用。

使用方法：一般在甘薯封垄前后，当发现地上部茎叶有旺长趋势时，每亩用5%烯效唑可湿性粉剂3克，兑水15~20千克，间隔7~10天喷施1次，可连续喷施2~3次。在应用中也要遵循先小面积试验再大面积应用的原则。

3. 甲哌鎓　甲哌鎓能抑制茎叶疯长、控制侧枝、塑造理想株型、提高根系数量和活力。研究发现，在甘薯封垄期每亩叶片喷施5克甲哌鎓，可以抑制甘薯茎蔓的徒长，提高叶片叶绿素日增加量，既能提高甘薯地上部干物质的积累，又能促进光合产物向地下部转移，增加单株结薯数，提高烘干率。一般鲜薯产量增加5.39%~11.82%，薯干产量增加10.08%~20.75%。还有研究表明，甲哌鎓有助于改善甘薯品质，甘薯喷施甲哌鎓后，淀粉、可溶性糖、蛋白质、维生素C等营养指标的含量均有不同程度的提高，且可溶性糖含量的增幅大于淀粉含量的增幅。

使用方法：一般在甘薯封垄前后，当发现地上部茎叶有旺长趋势时，每亩用5克甲哌鎓，兑水30千克喷施，间隔7~10天喷施1次，可连续喷施2~3次。

4. 矮壮素　矮壮素是一种优良的低毒植物生长调节剂，是赤霉素的拮抗剂，其生理功能是阻逆贝壳杉烯的合成，致使内源赤霉素生物合成受阻，从而控制植株的营养生长，促进植株的生殖生长，使植株的节间缩短、矮壮并抗倒伏，促进叶色加深、叶片加厚，光合作用加强，提高坐果率，增强抗旱、抗寒、耐盐碱、抗病虫的能力。

使用方法：在甘薯封垄前后，若发现地上部茎叶有旺长趋势时，可用50%矮壮素水剂1 500~2 000倍液喷洒叶面，间隔7~10天再喷洒1次。

5. 膨大素　喷施膨大素不仅能增强甘薯茎叶的光合作用，提高叶绿素的含量和群体光合效率，更充分地将合成产物运向根部，增加薯块重量和数量，还能使薯块外观更光滑，颜

色更鲜艳。

使用方法：①将膨大素 2.5 克溶化在 1 千克清水中，再加放 1.5~3.0 千克土搅拌成糊状，把薯苗基部蘸上泥浆再移栽大田；②将膨大素 3 克药粉溶化在 1 千克的清水中，把薯苗基部 1~2 节放入药液中，浸泡 3~5 小时再移栽大田；③将膨大素 15 克兑水 30 千克，于甘薯膨大期（栽后 50~70 天）均匀喷施叶面；④田间旺长地块，可在栽插后 70~100 天与矮壮素混合喷施叶面控制旺长。

（二）甘薯化学调控的注意事项

☞ 要掌握苗情苗势。根据甘薯各个生长发育时期的特点及高产的长势长相要求，合理施用各种生长调节剂，对弱苗田块要慎用化学调节剂。

☞ 要认清化学调控不是施肥技术，其效用不同于施肥，也不能代替施肥，特别是对于土壤瘠薄的低肥田块，化学调控不能代替施肥浇水，要想取得高产，还要合理施肥。

☞ 天气持续干旱或旱情严重时，不要使用化学调节剂，特别是抑制剂类的调节剂。

☞ 要正确认识所使用的化学调节剂的特性，区分促进剂类与抑制剂类，安全使用各种调节剂。

☞ 注意掌握各种化学调节剂的施用技术、方法和方式，认真谨慎地操作。

（三）甘薯化学调控药害、土壤残留及缓解措施

1. 甘薯化学调控药害及缓解措施　植物生长调节剂在施用的过程中，如果使用不合理，会造成甘薯生长调节剂药害。在甘薯生产中容易产生药害的调节剂主要有多效唑和矮壮素。药害症状表现：在甘薯上多效唑施用过早或者用量过大，会造成甘薯地上部生长发育迟缓，植株矮小，叶片卷曲，影响光合产物的积累，块根小，造成减产。矮壮素过量施用会导致甘薯植株严重矮化，叶片畸形，节间过短。如果用过量的矮壮素浸苗，就会出现发根缓苗迟缓，幼叶生长缓慢，幼苗扭曲畸形等症状。矮壮素一般不影响后茬作物生长。甘薯一旦出现生长调节剂药害，可及时采取以下缓解措施：

（1）喷洒清水　对茎叶喷洒大量的清水，降低叶片表面药液的浓度。如果药害较轻，喷洒 2~3 次即可缓解。

（2）及时施肥　叶面喷施 0.3%尿素和 0.2%磷酸二氢钾，对植株叶片进行营养补充。还可施用锌、铁等微肥，促进甘薯生长，降低药害抑制作用。

（3）逆向调节　及时有针对性地喷施赤霉素、芸苔素内酯等促进型植物生长调节剂进行逆向调节，促使受害甘薯尽快恢复生长。

（4）中耕培土　在发生药害之后，对土壤进行中耕培土，改善土壤的透气性，可促进根系生长，从而提高植物自身的恢复能力。

（5）补种或改种　若药害已经严重到无法挽救，那么只能尽快补种或者改种其他作物，以降低经济损失。

2. 甘薯化学调控土壤残留及缓解措施　一些植物生长延缓剂在多次应用或者过量施用时，容易产生土壤残留问题。特别是多效唑施入土壤后很难自行分解，对后茬作物影响很大，可采取以下缓解措施：

（1）轮作倒茬　多效唑对阔叶作物影响较大，施用过量多效唑的土壤应尽量避免种植

阔叶作物,可种植葱、姜、小麦、玉米等作物,种植 3~5 年再改种其他作物。另外,还可利用残留地块作蔬菜种植或者蔬菜育苗用。

(2)深翻地　对残留地块实施深翻,整地前适当施用农家肥、氮肥、生物菌剂、微生物菌肥等。

(3)应用植物生长调节剂调控生长　残留地块种植的作物,可用赤霉素等促进生长的植物生长调节剂浸种或者浸苗,促进种子萌发或发根缓苗。

第四节　甘薯水肥一体化技术

水肥一体化技术是将灌溉与施肥相结合的现代农业新技术,具有节水节肥、省工高效、改善品质、减少病虫害等作用,已经广泛应用于蔬菜、果树等经济作物和小麦、玉米等粮食作物生产中。近年来,水肥一体化技术在河南省的甘薯种植区也已得到广泛应用,增产增效显著。

一、设施配套

(一)滴灌系统的配置

为了实现技术上符合要求、经济上最大限度地节约成本的双重目标,结合甘薯栽培的特点,甘薯滴灌系统配置的要点如下:

1. 灌溉水源　河流、湖泊、池塘、水库、机井、沟渠等均可作为滴灌水源,但水质必须符合要求。对于具有悬浮物的池塘水、河水等,需要在源头加设过滤装置,防止水中杂物进入输水管道。

2. 提水设备　提水设备包括水泵、电动机、柴油机及其他动力机械。一般来说,滴灌工程使用的水泵类型有离心泵、潜水泵、深井泵、自吸泵和柱塞泵等。其中,离心泵是最常用的一种,其具有流量大、扬程高、运行稳定等优点,适合于大面积、平坦地带的灌溉。自吸泵则具有自吸性能好、操作简便等特点,适用于地势较高、水源较远的地区。柱塞泵则具有压力高、流量小等特点,适用于需要高压力的施肥灌溉的加注系统。在选择水泵时,需要根据具体的灌溉需求和场地条件进行综合考虑,确保水泵性能与滴灌工程的要求相匹配。水源为地表水,有电力条件的选择电动机+离心水泵,无电力条件的选择柴油发电机+电动机+离心水泵或柴油机+离心水泵;水源为地下水的选择潜水泵。如果水源的自然水头(如水塔或高位水池)满足滴灌系统压力要求,则完全可以省去水泵和动力设备。

3. 过滤设备　过滤设备将水流过滤,防止各种污物进入滴灌系统堵塞滴头或形成沉淀。滴灌工程中的过滤器主要包括筛网过滤器、叠片过滤器、离心式过滤器、沙石过滤器等多种类型。其中,筛网过滤器是通过网眼大小和形状来过滤水中的杂质和颗粒物,适用于处理较小的颗粒物。叠片过滤器是一种常见的过滤器,其通过精密的叠片结构来过滤水中的杂质和颗粒物,具有过滤效果好、压损小、易清洗等优点。离心式过滤器能够有效地去除灌溉水中的杂质和沙粒。沙石过滤器则是利用石英砂等介质来过滤水中的藻类、颗粒物和有机物,适用于处理较大的颗粒物和浑浊水源。选择适合的过滤器可以有效地提高滴灌系统的运行效率。

4. 输水管网 合理配置输水管网,做到既满足甘薯滴灌施肥的要求,又最大限度地控制投入成本。甘薯滴灌系统田间输水管网主要包括主干管、地面支管、田间滴灌带(管)等部分。主干管与地面支管可分别选用聚氯乙烯(PVC)材质塑料管与聚乙烯树脂软管。主干管与地面支管由三通进行连接,其直径一般为60~80毫米,工作压力0.25兆帕。此方案的主干管一般置于地下,可多年重复使用。有时,简易的甘薯滴灌田间输水系统主干管与支管均选用聚乙烯树脂软管,主干管在甘薯栽插时临时铺设,灌溉完毕即收回存放,随用随安装(图3-3)。而支管与田间滴灌带通过旁通开关相连,一般仅当季使用,每年更新一次。

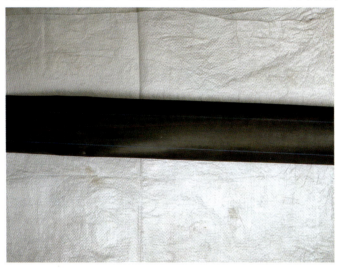

图3-3 输水主带(青岛农业大学 刘庆提供)

5. 施肥设备 甘薯滴灌施肥设备可选用压差式施肥罐、文丘里施肥器、施肥泵等。其中,压差式施肥罐制造比较简单,造价低,但是容积有限,添加肥料次数频繁且工序较为复杂。另外,由于施肥罐中肥料不断被水稀释,进入灌溉系统中的肥料浓度不断下降,从而导致施肥浓度不易掌握。文丘里施肥器构造简单,安装方便,对流速、流量控制准确,可与开敞式肥料罐配合运用,在施肥过程中无需其他动力设备,通过水流负压即可实现肥料溶液的自动注入,使肥料随水进入作物根系层。施肥泵有比例施肥泵和普通施肥泵两种:比例施肥泵是一种靠水动力驱动的施肥装置,能够按照设定的比例将肥料均匀地添加到水中,而不受系统压力和流量的影响,因此能够基本满足用户对施肥浓度的控制,施肥泵的造价相对适中;普通施肥泵由蓄电池和自吸泵两部分组成,由于其价格便宜,操作简单,具有较好的应用前景,在甘薯水肥一体化技术应用中,已有逐步取代文丘里施肥器和比例施肥泵的趋势。除施肥罐自带肥料桶外,文丘里施肥器、施肥泵在使用时均需配备肥料桶用于肥料的溶解。

6. 滴灌带 滴灌带一般有内镶贴片式滴灌带和侧翼迷宫式滴灌带(图3-4)两种类型。其中,侧翼迷宫式滴灌带迷宫流道及滴孔一次真空整体热压成型,黏合性好,制造精度高,迷宫流道设计,紊流态多口出水,出水均匀,抗堵塞能力强,具有较高的抗压强度,其在田间的铺设长度可达80米。同时,其重量轻,安装管理方便,人工安装费用低,在甘薯水肥一体化技术中应用较为广泛。内镶贴片式滴灌带是在毛管制造过程中,将预先制造好的滴头镶嵌在毛管内的滴灌带,滴头、管道整体性强,内镶滴头自带过滤窗,抗堵性能好,其同样具有紊流流道设计,出水均匀,用料及生产技术等均优于侧翼迷宫式滴灌带。

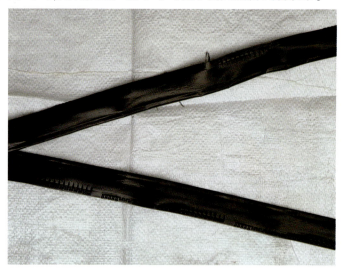

图 3-4 侧翼迷宫式滴灌带(青岛农业大学 刘庆提供)

(二)水肥药一体化滴灌技术

水肥药一体化滴灌技术是将灌溉与施肥、施药融为一体的农业灌溉技术,即在灌溉、施肥的同时,通过滴灌系统对甘薯进行施药。作物很多病害是土传病害,随流水传播,药物溶解在水中后用来灌溉作物,可以直接有效地控制土传病害的发生。还可根据不同的作物,采用地膜覆盖技术形成膜下滴灌,以减少药物的挥发,增长药物的作用时间,充分发挥节水节肥、用药优势,达到提高作物产量、改善作物品质的目的。该技术可减少肥料和药物的挥发和流失,以及养分过剩或被土壤固定等造成的损失,具有施肥简单、供肥精准、用药集中、作物容易吸收、肥料药物的利用率高等优点。

二、甘薯水肥一体化技术要点

(一)田间整地

春薯冬前深耕深翻熟化土壤,春季尽早浅耕,随耕随耙,保住底墒,夏薯前茬作物收获后深耕,深度 30~40 厘米。结合整地施基肥,每亩可施腐熟有机肥 2 000~3 000 千克,硫酸钾型复合肥 30~40 千克。整地时可随基肥一起撒施辛硫磷、毒死蜱、噻唑膦等颗粒剂,防治地下病虫害。

(二)起垄、覆膜和铺设滴灌带

采用机械起垄、覆膜和铺设滴灌带,滴灌带平放垄面中间,滴孔朝上。

起垄覆膜规格:垄高 30~35 厘米,膜厚度 0.01 毫米。单垄单行,垄距 80 厘米,地膜宽度 100 厘米;大垄双行,垄距 110 厘米,地膜宽度 120 厘米。

滴灌带类型和规格:贴片式滴灌带,滴灌带直径 16 毫米、厚 0.2 毫米、滴孔间距 20 厘米。

(三)滴灌设备安装

根据取水方式和灌溉面积选择适宜的水泵规格,工作压力为 30~60 千帕。过滤器采用叠片式,大小与输水管配套。施肥器选用比例式注肥泵或文丘里施肥器。主输水管为直径 80~90 毫米的软管,二级输水管为直径 60~70 毫米的软管。垄长≤50 米时,滴灌系统从垄一端进入,采用三通接口;垄长≥50 米时,滴灌系统应从垄中间位置进入,采用四通接口。甘薯滴灌与水肥一体化系统如图 3-5 所示。

图 3-5　甘薯滴灌与水肥一体化系统(青岛农业大学　刘庆提供)

(四)田间栽插

当气温稳定在 15~16℃,深 10 厘米处地温稳定在 17~18℃时,开始栽插,一般从 4 月中下旬开始,可分期栽插,便于早收和分批收获,避免大量集中上市。夏薯在前茬作物收获后要抢时早栽,一般在 6 月上旬开始栽插。选用高剪苗,栽插前用 50%多菌灵胶悬剂 500 倍液或 50%甲基硫菌灵可湿性粉剂 700 倍液浸苗处理 10~15 分钟。

(五)水肥一体化管理

栽插后,根据土壤墒情,确定田间滴水量。土壤相对含水量≥80%,不需要进行田间滴水;60%≤土壤相对含水量<80%,滴水 5 米³/亩;40%<土壤相对含水量<60%,滴水 10 米³/亩;土壤相对含水量≤40%,滴水 15 米³/亩。

根据土壤肥力条件和甘薯长势情况,在栽插后 30 天左右每亩分别追施尿素和硫酸钾 5~10 千克,栽插后 80 天左右每亩追施硫酸钾 5~10 千克,或者追施相同氮、钾含量的水溶肥。施用方法为先滴水 10~15 分钟,然后将肥料在施肥器中溶解随水滴灌,滴完肥后再滴水 10~15 分钟。栽插 80 天以后,根据田间降雨情况,若持续无降雨,应及时滴灌。收获前 15 天停止灌水。

(六)病虫害防控

栽插期滴水后,每亩可随水滴入 1.8%阿维菌素乳油 150~200 克;栽插后 30~90 天,视田间地下害虫危害情况滴施药剂,每亩可用 40%辛硫磷乳油 400~500 毫升或 20%噻唑膦水乳剂 750~1 000 毫升等防治茎线虫病等,用 1.2~1.5 千克 25% 多菌灵可湿性粉剂等防治黑斑病等。施用方法为先滴水 10~15 分钟,再滴药,滴药 1~2 次。栽后 90 天至收获期,田间不再施用农药。

第五节 甘薯机械化作业

甘薯是劳动密集型根茎类作物,生产环节多、用工量大、劳动强度高,采用机械化生产是实现省工节本、提升综合效益的重要途径,也是实现产业现代化发展的必由之路。甘薯田间生产涉及育苗、耕整、起垄、栽插、田间管理(灌溉、中耕、施药)、收获(切蔓、挖掘、捡拾、收集、分级等)多种农机装备,农机农艺相结合,科学选择甘薯机械、机械化作业模式、配套动力等,对甘薯机械化生产发展具有重要意义。

一、主要机械及应用

(一)起垄机械

起垄是甘薯生产中重要的基础环节,起垄机械也是省工节本的重要机具。生产中应根据实际需要选好起垄机械,高效完成起垄作业。

甘薯起垄前需进行深翻耕整处理,使土壤耕层深厚,消除土块间的过大空隙,提高垄体紧实度,减少水分蒸发,创造良好的土壤耕层构造和表面状态,增加甘薯生长过程中的透气性,如栽植春薯,越冬前需对土地进行翻耕,一般采用铧式犁、深松机具等进行作业。在未耕地或麦茬地等种植甘薯,如果秸秆较多,可先用通用型秸秆粉碎还田机碎秸还田,然后用铧式犁翻地,用旋耕机旋地至基本平整。

图 3-6 甘薯起垄—覆膜—铺带一体机
(青岛农业大学 刘庆提供)

目前,国内甘薯起垄机械主要有单一功能作业机和复式作业机。其中,单一功能作业机是指起垄各个环节分别使用相对独立的机具进行作业;复式作业机可一次性完成旋耕、起垄、施肥、镇压、覆膜等作业,或能完成上述几个功能的组合。复式作业机具有省工省力、减少机具进地次数、节省油料、减少对土壤压伤、缩短农时和降低生产成本等优点。起垄的垄形有半圆形垄、梯形垄等。起垄机类型有微型起垄机,手扶起垄机,与拖拉机配套的单行、双行起垄机,以及起垄—覆膜—铺带一体机(图 3-6)等。

起垄机械应根据当地的土壤

类型、种植习惯、田块条件、动力匹配等因素来选择，不同类型起垄机的起垄垄距亦有所不同。起垄垄距是个非常重要的参数，其数值是否合理对全程机械化作业影响较大，选择时应考虑后续的移栽、中耕、收获等环节配套的拖拉机轮距，主要考虑拖拉机的后轮距。

在平原地区，种植大户大面积成片种植甘薯时，可选择一次2行及以上的多行复式起垄机，以满足高效作业需求。而丘陵山区道路崎岖、田块碎小，宜采用轻简型作业技术，使用微小型起垄机、手扶起垄机、与中小型四轮拖拉机配套的单行起垄机等。

（二）栽插机械

栽插是甘薯生产中非常重要的环节，其用工量占生产全过程的23%左右。我国的甘薯机械移栽技术发展缓慢且实用机具不多，长期以来都采用人工栽插，劳动强度大、移栽效率低，加上近年来农村劳动力结构性短缺，使得市场对甘薯移栽机械的需求十分迫切，甘薯机械移栽技术已成为限制我国甘薯产业发展的重要因素。

目前国内主要的移栽机有链夹式载水移栽机、膜上载水移栽机、旋耕起垄复式移栽机等。

1. 链夹式载水移栽机　国家甘薯产业技术体系与南通富来威农业装备有限公司合作研发的2ZL-1型甘薯链夹式载水移栽机（图3-7），可单垄或多垄作业，在起好的垄上可一次完成开沟放苗、镇压、浇水等工作，可用于秸秆地作业。该机针对不同作业环境有两种机型，即窄圆盘垄上取功镇压一体型（适宜黏重土壤区、中大垄距作业，价格较低）和垄沟取功垄上镇压分体型（适宜沙壤区、中小垄距作业，价格略高）。

图3-7　2ZL-1型甘薯链夹式载水移栽机（农业农村部南京农业机械化研究所　胡良龙提供）

2. 膜上载水移栽机　山西省农业科学院棉花研究所与运城市农机研究所合作研发了由大功率拖拉机牵引的可一次完成打孔、浇水、人工乘坐栽插等作业的甘薯膜上载水移栽机，先由旋耕起垄机完成起垄、覆膜作业，然后由拖拉机牵引简易栽植器进垄作业，采用人工分苗、手工直接栽插入垄中，后续由人工铲土压实薯苗、覆盖破膜口，可实现膜上栽插作业，一次作业一垄。甘薯膜上载水移栽机如图3-8所示。

图 3-8　甘薯膜上栽水移栽机(山西农业大学　李江辉提供)

3. 旋耕起垄复式移栽机　2CGF-2 型甘薯旋耕起垄复式移栽机(图 3-9)为国家现代农业甘薯产业技术体系研发成果,现在由南通富来威农业装备有限公司生产,填补了国内技术空白,改变了传统甘薯机械移栽先旋耕整地起好垄,再由拖拉机牵引移栽机进垄地栽插作业的方式。在初旋的田面上,可一次完成两行旋耕、起垄、破压茬、栽插、修垄等作业,有效解决了拖拉机与种植垄距的匹配性差、下田作业次数多、压垄伤垄、二次修垄等问题。该机适合平原坝区或丘陵缓坡地等多种土壤的栽插作业。以此机型为基础衍生出了单行、三行等系列产品,并且功能不断拓展,现可一次完成旋耕、起垄、覆膜、铺滴灌带、移栽等多种作业。

图 3-9　2CGF-2 型甘薯旋耕起垄复式移栽机(农业农村部南京农业机械化研究所　胡良龙提供)

(三)田间管理机械

1. 中耕除草培土机　甘薯栽后生长至封垄前,可采用中耕除草培土机(图 3-10)作业,作业时配套的拖拉机轮距要与垄距适配,否则压垄伤垄严重,影响甘薯后期生长。

连云港市元帝科技有限公司生产的 3ZX 型与中型或大型拖拉机配套的单垄、双垄中耕除草培土机,前端垄沟旋耕 5 厘米,后端垄沟由培土犁将土壤覆盖至垄侧,达到松土、培土、

除草、掩草的效果。其单行机与 14.7~29.4 千瓦、轮距 90 厘米的中型拖拉机配套,其双行机
与 66.2 千瓦、轮距 170~180 厘米的大型拖拉机配套。

图 3-10　中耕除草培土机(农业农村部南京农业机械化研究所　胡良龙提供)

2. 牵引式喷药机　牵引式喷药机是将液体分散开来的一种农机具,是农业施药机械的一种。它需要与 22 千瓦以上拖拉机配套完成作业,可用于甘薯田喷洒杀虫剂、杀菌剂、除草剂、生长调节剂等,亦可用于喷洒液体肥料等。药液箱容量大,喷药时间长,作业效率高,而且药液箱中的药液采用回水射流搅拌,可保证喷雾作业过程中药液浓度均匀、一致。适用于平原地区甘薯大面积种植的地块。

3. 植保无人机　植保无人机(图 3-11)是一种装载有农林植保药剂喷淋撒播设备的无人驾驶飞行器,一般由机架、飞控、动力、喷洒四大系统组成。现在主流的植保无人机以电动多旋翼无人机为主,根据旋翼结构可以分为倾转双旋翼、四旋翼、六旋翼、X 型共轴双旋翼等。主流挂载可喷洒液态雾状、粉状的药剂或肥料。通过定位导航、姿态控制、精密传感器、数图传输等设备,操作人员可以通过控制地面站软件预先设定好作业方案和规划航线,从而实现无人机的自动起降、航线飞行及自动喷药作业。与传统人工喷洒作业相比,无人机航空施药在作业效率、药剂用量、药害安全防范等方面具有较大的优势。由于植保无人机全程自动驾驶完成喷洒任务,在规范操作的前提下,相关人员不会直接接触到农药,对人体伤害极小。通过搭载视觉定位、超声雷达等传感器,可以进行精准避障,提升了安全性。

图 3-11　植保无人机

(四)收获机械

甘薯收获机械主要分为联合收获和分段收获两种形式,目前国内采用的主要是半机械化分段收获模式,即采用碎蔓机切蔓粉碎还田,再用挖掘收获机将薯块翻到地面,并清理表面泥土,然后人工进行捡拾装袋。

1. 去蔓机械 甘薯生长藤蔓茂盛,挖掘收获前必须去除其藤蔓,目前去蔓机械以粉碎直接还田为主,选择碎蔓机时应考虑垄形和尺寸,否则效果较差。根据配套形式,可将碎蔓机分为步行式、悬挂式。

(1)步行式小型甘薯碎蔓还田机 该机适用于丘陵坡地、育种小区等小田块割蔓、碎蔓作业,具有重量轻、体积小、操作方便等特点(图3-12)。它采用模块化设计,主要由动力底盘和碎蔓机构两大部分组成,以碎蔓作业为主,以微型动力底盘为驱动平台。其配套动力为8.8千瓦,适宜垄距为80~90厘米,一次碎一垄。此外,由于该机重量较轻,亦适合雨后不久的潮湿田间作业,不易下陷。

图3-12 步行式小型甘薯碎蔓还田机(农业农村部南京农业机械化研究所 胡良龙提供)

(2)中大功率配套悬挂式碎蔓还田机 这是目前国内外市场上最常用的甘薯碎蔓机型。碎蔓机通过三点悬挂与拖拉机连接,动力通过万向节由拖拉机来传递,作业时通过液压机构将机具下降至适宜高度,开始碎蔓,切刀的排列采用仿垄型排布。根据一次作业的垄数不同,可分为一次单垄碎蔓机、一次双垄碎蔓机和一次多垄碎蔓机,其配套的动力也不相同。单垄碎蔓机可与18.4~29.4千瓦中小型拖拉机配套,一次双垄或多垄作业可与66~73.5千瓦大型拖拉机配套,将藤蔓直接粉碎还田,便于后续收获作业。

(3)悬挂式碎蔓挖掘收获复式作业机 为提高去蔓挖掘作业效率,实现与多行收获机的作业配套,优化提升宽幅振动平稳作业、多点独立浮动支撑限深等技术,该机可一次完成双垄的甘薯秧蔓粉碎还田作业和挖掘收获作业,适宜砂壤土、黏土区作业,作业集成度较高,与58.8~80.9千瓦拖拉机(拖拉机后轮距约1650毫米)配套。

2. 挖掘收获机械 甘薯收获机械以联合收获和分段收获两种形式为主。联合收获作业集中度高,综合效益较高,利于减轻劳动强度和抢农时,具有省时、省心、省力的优点,但联合收获也存在着结构复杂、设备成本高、要求种植农艺规范等缺陷。分段收获使用的设备结构相对简单,造价低,维护保养方便,易于推广,但整个收获过程需大量人力配合,生产效率低,收获损失较大。此外,由于多次行走,机器对土壤破坏和压实程度增加,油耗也增多。常见的分段收获机有犁式挖掘收获机、杆条升运链收获机、甘薯联合收获机。

(1)犁式挖掘收获机　在小田块、育种小区或土壤较黏的区域,可采用手扶拖拉机配套的挖掘犁将薯块翻出来,亦可采用中小功率拖拉机配套的挖掘犁将薯块从垄中翻出,然后人工捡拾。另外有一款收获犁前端带有自动剪残藤的结构,避免收获时缠绕。上述两款机具应用范围较宽,可用于鲜食商品薯、种薯生产。

(2)杆条升运链收获机　这是较为常用的薯类收获机具,一般以杆条输送链为主要工作部件,可实现薯块挖掘、输送、清土、铺放等作业,薯土分离较好,作业明薯率较高,效率也较高。适合砂壤土、壤土等作业,黏土的适应性较差,薯土难以分开。根据配套动力不同,可分为手扶拖拉机驱动和四轮拖拉机驱动,有收获单垄的,也有一次收获多垄的。但该类机型由于采用输送链为主要作业组件,容易造成薯块表皮破损,故在作业时应适当降低前行速度、输送速度和入土倾角,以降低破损。

(3)甘薯联合收获机　农业农村部南京农业机械化研究所成功创制出自走式多功能甘薯联合收获机(图3-13)。该机具采用履带自走底盘,配套动力55千瓦,单垄收获,作业效率每小时2~5亩,可一次完成挖掘、输送、去土、去残藤、清选、集薯等联合作业,填补了甘薯收获领域的技术空白,有效解决了甘薯分段收获辅助人工过多、捡拾劳动强度大等问题,提高了甘薯机械化收获的作业集成度和作业效率,为解决薯类机械化联合收获难题、实现生产全程机械化作业奠定了基础。

图3-13　自走式多功能甘薯联合收获机(农业农村部南京农业机械化研究所　胡良龙提供)

甘薯收获机械的选择与作业土壤有很大的关联,不同土壤类型因薯土分离特性不同,对收获机械的选择也不同,如黏土地区由于土壤流动性差、薯土难分离,故可采用挖掘收获犁破垄挖掘;土壤含水量适宜、易分开,可采用杆条升运链收获机收获;砂壤土、砂姜黑土地区可选用升运链式收获机或联合收获机收获,效率高、薯土分离效果好。

（五）农机智慧化的应用

农机智慧化是随着人口老龄化和科学技术的进步而产生的，随着经济社会不断发展以及人口老龄化的日益加重，农业生产过程中需要的大量劳动力和数据信息采集成为制约经济社会整体布局与均衡发展的重要因素。农业机械化和农机装备产业转型是保障粮食等农产品安全，实现乡村振兴、农业农村现代化的重要产业支撑。《"十四五"全国农业机械化发展规划》指出，各地要大力推进农业机械化和农业农村现代化，这对农业机械化助推智慧农业高质量发展具有重要意义。农村的发展也离不开农业机械化和智慧农业相关政策和技术的帮扶。近年来，互联网的大数据平台、农机智慧管理系统等逐步发展，为农机智慧化提供有力保障。

拖拉机是农业生产中的重要动力机械，是保证农业各项生产作业顺利进行的基础，可与相关农机具配合使用完成甘薯起垄、移栽、中耕、施肥、田间管理和收获等各项作业环节。随着信息技术和人工智能技术的发展，农业发展逐渐向精细农业和智能农业方向发展，其核心技术是人工智能技术、GPS 技术、GIS 技术和 RS 技术。无人驾驶拖拉机是近年来的研究热点之一，其核心内容主要包括环境感知技术、路径规划技术、路径跟踪系统、控制策略等技术。在拖拉机进行田间工作时，环境感知技术可以通过特定技术获得拖拉机目前的作业信息，基于相关作业信息和拖拉机自身运动参数对其进行路径规划，通过路径跟踪系统实时获得拖拉机的位置信息，并进行路径实时修正，最终实现拖拉机按照指定路径行驶的目的。

2023 年的中央一号文件提出，强化农业科技和装备支撑，支持北斗智能监测终端及辅助驾驶系统集成应用。应用北斗导航驾驶的拖拉机，利用卫星导航系统的高精度差分技术，通过控制器对农机液压系统进行控制，实现农机按设计作业路线的自动驾驶作业。甘薯旋耕起垄机作业时，作业直线度高，作业邻接行偏差可控制在 3 厘米以内，起垄作业质量大幅度提升，土地利用率也可提高 6.0%，有效降低机手工作强度，对机手作业技术要求降低，有利于后续中耕、杀秧、收获各环节的机械化作业，有效避免人工驾驶拖拉机进地压伤甘薯的问题。

智能灌溉水肥一体化系统采用先进的土壤温湿度传感器、采集作物及气象信息监测，通过物联网云上传至监控中心。根据甘薯长势，实现精准灌溉，提升农业管理智能化水平，建立甘薯生长信息库。在提高甘薯产量的同时也最大程度地达到了节水节肥的功效，最终实现无人化、自动化、智能化的现代农业。

植保无人机是一种现代化设备，具有较强的便捷性、较高的效率、较低的成本、较强的安全性。农业机械化发展趋势下，植保无人机在农业生产中得以广泛应用，有效克服了甘薯传统生产环境条件下存在的诸多弊端，使甘薯生产的灵活性与技术性显著增强。依托于植保无人机等现代化装备，农业生产的现代化发展活力显著增强，充分迎合了高要求、高标准的农业发展导向，代表着现代先进技术在农业生产领域中的价值转化趋向。

二、甘薯机械化作业

（一）耕整起垄

1. 土地耕整　使用深耕整地机，一次进地可完成耕地、耙耢、碎土等作业。以 132 千瓦以上拖拉机为动力,安装自动驾驶系统,提高作业精度,避免重漏耕作,使交接行稳定,可提高土地利用率3%~5%。

2. 起垄　平原地区使用与大中型拖拉机配套的旋耕施肥起垄覆膜铺带一体机,完成施肥、旋耕、碎土、平整、镇压、起垄、覆膜、铺滴灌带作业。作业后,地表平整、覆盖严密、工效高、能效低,基本满足甘薯生产对土壤的农艺需求,为生长发育打下良好的基础。山地丘陵区一般由小型拖拉机或手扶拖拉机提供动力,也可实现喷药—铺带—覆膜一体化作业,其机身小巧,作业灵活。

(二)薯苗移栽

薯苗移栽是甘薯生产全程机械化实现的关键环节,可选用甘薯旋耕起垄复式移栽机,该机具具有旋耕、起垄、覆膜、铺滴灌带、移栽等多种功能,作业效率高。

(三)田间管理

田间管理主要以除草、无人植保机喷药防治病虫害、水肥一体化滴灌为主。

1. 中耕除草　采用与垄距配套的中耕除草机可一次性实现垄沟、垄侧除草,垄侧、垄顶覆土等作业,能够有效解决田间管理过程中土垄塌陷的问题。

2. 病虫害防治　无人植保机喷药具有作业效率高、可自由悬停、单位面积施药量小、无需专用起降场地的特点,旋翼产生的向下气流有助于增加雾流对植株的穿透性,使甘薯叶面叶背同时着药,防治效果好。可在甘薯生长后期同时喷施磷酸二氢钾等速效肥料进行叶面施肥,补充磷钾肥,促进甘薯薯块膨大期对养分的需要,提高甘薯品质,增加产量。

3. 水肥一体化　可以结合甘薯智能水肥管理系统,实现水肥自动化供给。

(四)甘薯收获

1. 机械碎蔓　选用与垄距配套的碎蔓机械,在收获前1~2天进行碎蔓。碎蔓机作业质量:茎叶杂草去除率≥80%,切碎长度≤15厘米,割茬高度≤10厘米,碎蔓时不伤薯块。

2. 机械收获　采用甘薯联合收获机完成挖掘、输送、清土、去残蔓、清杂、装送筐作业;或拖拉机牵引甘薯挖掘收获机进行挖掘,人工捡拾薯块。收获机或挖掘机的选型要与种植模式匹配。

第六节　特用甘薯栽培技术

一、菜用型甘薯栽培技术

菜用型甘薯指以地上部茎叶为食用目的的甘薯品种类型,食用部分一般为茎蔓生长点以下长12厘米左右的鲜嫩组织,包括叶、嫩茎、叶柄等(图3-14)。菜用型甘薯一般茎叶长势旺盛,适应性广,叶柄茎尖产量较高,茎叶采收后再生能力强,采摘期长,叶色翠绿,茎尖部分幼嫩、无茸毛,熟食鲜嫩爽口,无苦涩味和其他口味,适口性好,是一种营养丰富的蔬菜。与其他叶菜类相比,菜用型甘薯作为蔬菜更安全、更健康。此外,菜用型甘薯生产具有显著的经济效益、社会效益,开发利用前景十分广阔。

图 3-14　菜用型甘薯

(一) 适宜地区和栽插季节

适宜种植在环境无污染,地势平坦,土地肥沃,排灌方便,交通运输方便的地块。栽培方式有露地栽培和保护地栽培。菜用型甘薯露地栽培一般定植时间为 4 月上旬,气温达到 13℃以上,至 10 月下旬霜降之前均可采摘。早春菜用型甘薯大棚栽培的定植时间可以提前到 3 月上中旬。越冬反季节菜用型甘薯在温室大棚内栽培,定植时间为 10 月,即当地霜降前后。

(二) 栽培技术要点

1. 选择适宜品种　选用茎叶口感细腻润滑、茎秆无茸毛、茎尖产量高、抗逆性强、高产优质、适应性广、生态安全的菜用型甘薯品种,目前品质相对较好的品种有台农 71、福菜薯 18、薯绿 1 号等。此外,可选择结薯性较好的品种,有利于该品种的保存。

2. 种苗繁育　目前,河南省菜用型甘薯种苗来源主要有以下 3 种:①从外地引进菜用型甘薯种苗;②通过冬季大棚内老苗越冬留种,到春季待老苗新长出 7~8 片分枝叶时,剪苗移栽;③利用种薯育苗,但一般菜用型甘薯结薯习性较差,要特别注意品种间的差别,选择结薯性较好的品种。

3. 整地施肥　秋冬期间进行深耕晒田,春季复耕整平整碎,去除杂草,充分翻碎土粒。畦作种植,一般畦宽 100~110 厘米,畦沟宽 20~30 厘米,畦高 20~25 厘米。每亩用有机肥 1 000~1 500 千克,含有氮、磷、钾元素各 15% 的复合肥 40~50 千克,在整畦前将有机肥和复合肥拌匀后均匀撒施。

4. 选用壮苗,合理密植　选用茎蔓粗壮、老嫩适度、节间较短、叶片肥厚、无气生根、无病虫害、带心叶的顶端苗进行栽插。这种顶端苗栽插后发根返苗快,且生长适温期较长,有利于茎叶充分生长、提高产量。一般栽植密度以 8 000~10 000 株/亩为宜,采用直插的方式,薯苗入土 3~4 节,浇足水,封严压实,大小苗分开栽,不栽过夜苗和病虫苗。栽后 1 周左右,及时查苗补苗,保证全苗和均匀生长,使茎叶充分生长,提高产量。

5. 田间管理

(1)中耕、除草及培土　在栽插后 15 天至封垄前,一般进行 1~2 次中耕培土,中耕深度一般第一次宜深,以后深度渐浅,畦面宜浅,沟宜深,畦面要锄松实土。在中耕的同时,清除田间杂草,清沟理蔓。

(2)通风、保温与保湿　菜用型甘薯保护地栽培田间管理的最重要环节就是根据天气情况,注意及时通风和保温。棚内温度白天控制在 15~28℃,夜间不低于 12℃。空气相对湿度控制在 80%~90% 时,菜用型甘薯茎尖口感较好。

(3)及时打顶　摘心能有效控制蔓长,促进分枝的发生,使株型疏散,改善植株群体受光条件,增强群体光合效能。具体方法为,在薯苗移栽成活后 15 天左右,摘去植株顶心,促进地上部第三节发芽分枝。待芽长出 3 叶后,进行第二次摘心,促生新的分枝。待每个分枝长节时再摘心,促生更多新的分枝。待每个分枝茎尖长到 12 厘米左右时,便可分批采摘,每蔓留 1~2 节,以促生新分枝。摘心后浇足水,促进快发。

(4)适时追肥　追肥以有机肥为主,并配施适量化肥。栽后的 7~15 天施一次肥,促进茎叶生长,尽快进入生长高峰期。每次采摘后结合灌水及时补肥,以促进分枝和新叶生长。

(5)水分管理　采取小水勤浇的措施进行频繁补水。有条件的可采用喷灌,保持土壤相对含水量在 80%~90%。水分充足的条件下,在 18~30℃ 范围内,温度越高茎叶生长越快。

(6)病虫害防治　菜用型甘薯注意防治食叶害虫,坚持预防为主、综合防治的原则。优先采用农业防治、生物防治、物理防治,合理使用化学防治。

(三)适时采摘及采后管理

菜用型甘薯采摘期长,一般在栽后 25~30 天,已有 10~12 片舒展叶时就可采摘,以后产量逐渐上升。同时,还应根据蔬菜市场供求情况分期分批采收,以调整价格和保证长期供应,尽量缩短和简化产品运输流通时间和环节。每次茎尖采摘后应加强田间管理工作,采摘后的长蔓应及时修剪,保留离基部 10 厘米以上且长度在 20 厘米以内的分枝。采摘当天不宜马上浇水施肥,以利于植株伤口愈合,防止病菌从伤口侵染,隔天待刀口稍干后及时补肥。

(四)冬季保苗

菜用型甘薯主要食用地上部茎叶,地下部块根逐渐退化,膨大部分较少。因此,在秋后冬初霜降之前,可将菜用型甘薯的薯苗进行繁殖保存,用于翌年春天的扦插种植。在霜降之前,选用茎蔓粗壮、无病虫害、带心叶的顶端苗,将其移栽到有保温措施的大棚或温室,按照菜用型甘薯栽培的方法和密度进行栽植。

二、观赏型甘薯栽培技术

甘薯除了具有人们熟悉的食用价值外,还具有观赏价值。观赏型甘薯集观赏价值与经济价值于一体,不仅其花、茎、叶、块根均具有很高的观赏性,而且生长迅速,观赏期长,易于栽植,具有耐热、抗瘠薄、抗旱、病害少、管理粗放、适应性强等特点,在美化城市、庭园等方面受到人们的青睐。

(一)观赏型甘薯分类

1. 依据观赏部位　主要分为观叶型、观薯型、观花型和观藤型。

(1)观叶型　观赏型甘薯多数为观叶型,具体可分为观叶形和观叶色两类。叶形以心形、圆形、三角形、缺刻等为主;叶色主要以黄绿色、紫色、红褐色、绿色、花色等为主。不同叶形和叶色混合种植在一起可给人以不同的视觉冲击感。园林中常见的是将不同形状和色彩的叶片与其他绿化植物混合配植,或者作为花边镶嵌在外围,起到铺垫和衬托的作用。

(2)观薯型　观薯型甘薯主要是利用土壤或营养液对甘薯块根进行培育,不仅可以观赏其千奇百怪的形状及薯块表皮不同的颜色,还可以观赏薯块生长出的茎叶以及水培时轻柔飘逸的须根。

(3)观花型　甘薯花形为漏斗状,辐射对称,花期长、花多、颜色艳丽。观花型甘薯在北纬23°以南地区较常见,可自然开花,花期可长达数月之久。观花型甘薯除自然开花外,还可以通过人工短日照诱导促进开花,从而使其提前开花或者延长花期,以适应不同季节的绿化需求。目前市场上观花型甘薯较少,主要是观叶兼观花,且花色多样,主要包括白色、淡紫色和粉红色三类。

(4)观藤型　利用甘薯蔓长的特点,可将观赏甘薯植于花钵和墙体上,让其藤蔓型的枝条随意攀缘或者下垂,具有良好的景观绿化效果。观藤型甘薯同时也兼具观叶型甘薯的特点。

2. 依据种植方式　分为土培观赏型甘薯和水培观赏型甘薯。

(1)土培观赏型甘薯　是指将甘薯茎叶、块根栽培在土壤或基质中的一种种植方式。可种植于城市的各个角落,其叶色和花色艳丽多样,花形多变,枝条光滑柔软,随风摇曳,优美多姿,为人们提供美学享受和凉爽的绿荫。运用在园林中,具有防尘、降温、增湿、净化空气、覆盖杂草、美化环境的作用。

(2)水培观赏型甘薯　是指将甘薯装在盛有溶液的容器中,使其正常生长,可以观赏其茎叶、花、枝蔓,甚至块根和须根。观赏型甘薯在水培条件下,生长迅速、管理方便、干净,还能达到鱼花共赏的效果,可观赏茎叶及美丽的须根,既可绿化、美化空间,还可使居室充满动感和情趣。水培观赏甘薯根据观赏部位及栽植体不同,可分为3种:单叶水培、茎叶水培和薯块水培。

1)单叶水培　观赏型甘薯在单叶水培时用于观赏的部位不仅仅是形状奇特的叶片,须根也具有很好的观赏效果。须根生长势强,细腻而光滑,因观赏型甘薯品种不同,可分为白根、红根、绿根。单叶水培时应选择叶柄粗且长、叶大而厚、叶色浓郁的叶片,在培养时留1个茎节为宜,放于阴凉处发根,节间的叶芽有利于发芽和生长。

2)茎叶水培　茎叶水培是水培观赏型甘薯主要的水培方式。水培观赏型甘薯植株因叶片多、茎的颜色多样,具有更高的观赏和绿化价值。观赏型甘薯在茎叶水培时可取生长势强的茎尖或茎端,一般留有 3~4 片叶片、2~3 个茎节,放于自来水中于阴暗处生根,待须根长成后放于容器里便可成为 1 株水培观赏型甘薯。

3)薯块水培　薯块水培是指将生有茎叶的薯块栽植在营养液中用作观赏,薯块上有郁郁葱葱的各种颜色、叶形的叶,下有轻柔飘逸的各种颜色的须根,组成一幅赏心悦目的盆栽水培。一般选择形状独特、有一定形象寓意的薯块,因为薯块水培主要观赏薯块,所以要防止上部茎蔓长势过于旺盛。上部茎蔓不仅要经常修剪,还要剔除过多的幼芽,控制上部茎蔓生长,延长薯块的生长利用时间。薯块水培的水量不要求多,一般到薯块高度的 1/3 左右。

3. 依据观赏空间　分为地面观赏型甘薯、立体观赏型甘薯和空中观赏型甘薯。

(1)地面观赏型甘薯　将观赏型甘薯直接种植于裸露的地面、花坛,或盆栽摆放于地面,通过与其他景观植物搭配种植,呈现出色彩丰富的景观效果(图 3-15、图 3-16)。

图 3-15　观赏甘薯盆栽

图 3-16　城市景观种植

（2）立体观赏型甘薯　利用甘薯蔓长、生长快的特点，开发观赏型甘薯吊篮，或者将攀缘性好的观赏型甘薯种在攀缘材料旁边，任其枝蔓攀爬，形成绿篱、绿门、绿廊等，以及盆栽呈阶梯式立体摆放等，与其他花色艳丽的草花配置，达到较好的观赏效果（图3-17）。

（3）空中观赏型甘薯　应用甘薯根系生长与块根膨大功能分离、换位结薯等技术展现甘薯在空中生长的视觉效果（图3-18）。首先，采用营养液栽培或将甘薯嫁接在牵牛上，这样根系不结薯只提供营养，然后搭架子让甘薯茎蔓顺着架子向空中生长。其次，通过将空中的甘薯茎蔓压蔓到装满营养土或基质的花盆等容器中，采取一定的栽培技术措施促进薯块膨大。最后，待薯块长到一定大小时，将花盆及营养土或基质去掉，把薯块留在空中。根系吸收养分和蓄积养分的两大功能分开，既方便采收，又可实现多年连续结薯，还具有观赏价值。近些年，空中观赏型甘薯在河南的舞阳县、西华县等地已有种植和应用。

图3-17　甘薯立体创意栽培

图3-18　空中结薯

(二)观赏型甘薯在景观绿化中的应用

1. 地被　观赏型甘薯具有色彩鲜艳的簇生叶,其茎匍匐生长能力强,能在短时间内覆盖地面,可以快速达到人们想要的绿化效果,且耐热、抗瘠薄、抗旱、病害少、管理粗放、适应性强,是做地被的优良植物材料,可以应用在管理粗放区域,和各种乔、灌木合理配置,并与上层植物相映成趣,达到色彩艳丽、景观层次丰富的景观效果。

2. 花坛　花坛主要在一定范围的畦地上,按照整或半整形式的图案种植各种不同色彩的花卉,以表现花卉群体美。观赏型甘薯叶色艳丽,可与其他花卉,如凤仙花、矮牵牛等,进行搭配种植,形成色彩艳丽的植物景观。也可单独布置花坛,或利用叶色不同的特点种植"甘薯画""甘薯字"等,营造出绚烂的景观视觉,使得空间和环境资源得到最大限度的利用。

3. 花境　花境是以树丛、树群、绿篱、矮墙或建筑物作背景的带状自然式花卉布置,是根据自然风景中林缘野生花卉自然散布生长的规律,加以艺术提炼而应用于园林。观赏型甘薯可与有着不同花色、花期、花序、叶型、叶色、质地、株型的多种花卉配植,通过对这些观赏对象的组合配置,创造出具有丰富的景观层次、色彩缤纷的多样性植物群落景观。

4. 立体装饰　观赏型甘薯栽植在位置较高的花钵中,长长的藤蔓垂吊而下,随风摇曳,优美多姿,并可弥补草花数量不足的问题,观赏效果佳。同时,观赏型甘薯可应用在室内的客厅、餐厅、阳台等,结合天花板、灯具,吊放一定数量的观赏型甘薯及搭配其他的悬垂植物,可营造生动活泼的空间立体美感,改善人工建筑的生硬线条所造成的枯燥单调感,并充分利用空间。此外,观赏型甘薯种植于立体材料旁边,让枝蔓沿着立柱或立墙攀缘,可形成郁郁葱葱的绿化柱、绿墙、绿篱等立体装饰,在节庆和举办一些仪式的场地中应用较广泛。

5. 室内景观　室内盆栽宜选择节短叶密的品种,将具有不同叶形、叶色的观赏型甘薯盆栽放置在办公室、客厅、卧室,也可选用长蔓品种开发壁挂式、悬垂式吊篮,装点单调的办公和生活环境,令人赏心悦目,使人觉得高雅、清新,充满生活情趣。此外,水培观赏型甘薯在室内应用较多,可在餐桌、茶几、接待台、卧室、办公桌等室内任何地方摆放,美化室内环境,陶冶情操(图3-19、图3-20)。

图3-19　观赏型甘薯薯块土培　　　　　图3-20　观赏型甘薯薯块水培

第四章　甘薯主要病虫草害及其综合防控技术

甘薯病虫草害种类繁多,其中发生比较广泛、危害比较严重的甘薯病害主要有甘薯病毒病、甘薯黑斑病、甘薯根腐病、甘薯黑痣病、甘薯软腐病、甘薯干腐病、甘薯茎线虫病等,危害甘薯的主要害虫包括金龟子类、金针虫、小地老虎、蝼蛄、烟粉虱、甘薯天蛾、甘薯麦蛾、斜纹夜蛾、甘薯叶甲、红蜘蛛等。河南省甘薯田杂草种类多、数量大,对甘薯的危害较大。对于甘薯田病虫草害,应采取积极有效的防治措施,为甘薯安全生产创造良好的条件。

第一节　甘薯主要病害种类及其综合防控技术

一、甘薯病毒病害
(一)症状与危害

根据对甘薯的危害性,甘薯病毒病害可分为普通甘薯病毒病和危险性甘薯病毒病。前者造成的产量损失一般在30%以下,症状表现主要有叶片斑点型、花叶型、卷叶型、叶片皱缩型、叶片黄化型等;后者造成的产量损失一般达50%~80%,严重时绝收,症状表现为叶片扭曲、畸形、褪绿、明脉以及植株矮化等混合症状(图4-1)。

图4-1　甘薯病毒病感染症状

(二)发生规律

甘薯是无性繁殖作物,感染病毒后病毒会在体内不断增殖、积累、代代相传,因此,带毒的种薯和种苗为主要侵染源。甘薯病毒病的发生和流行取决于种薯种苗是否带毒,各种介体昆虫的种群数量和活力,以及甘薯品种的抗性等。

（三）防治措施

1. 种植脱毒甘薯　由于抗病毒病品种缺乏以及对病毒病害尚无有效的化学防治药剂，种植脱毒甘薯是目前防治病毒病的最有效措施。

2. 加强检疫　对于甘薯危险性病毒病，应加强产地检疫，避免带毒种薯种苗长距离调运。

3. 加强危险性病毒病症状识别　在育苗期和田间，若发现疑似病株，及早、彻底拔除销毁，育苗期要连同薯块一并拔除销毁，防止病害扩散和病苗进入大田。

4. 繁种地选择　甘薯褪绿矮化病毒由烟粉虱传播，但目前大田烟粉虱防控困难，因此，建议在无烟粉虱发生或烟粉虱发生较轻的冷凉地区繁种。

二、真菌性病害
（一）甘薯黑斑病

1. 症状　甘薯黑斑病又称甘薯黑疤病、甘薯黑疮病等，在苗床期、大田期和储藏期均可发生，主要侵害薯苗、薯块。苗床期在甘薯幼芽地下基部出现小黑点或黑斑，后环绕薯苗基部，呈黑脚状，成长期根部腐烂植株枯死，病部产生霉层。薯块染病，呈黑色小圆斑，扩大后呈不规则形略凹陷的黑绿色病疤，病疤上初生灰色霉状物，后生黑色刺毛状物，切开病薯，病斑下层组织呈黑色、黑褐色，薯肉有苦味(图4-2)。

图4-2　感染黑斑病薯块症状(江苏徐淮地区徐州农业科学研究所　孙厚俊提供)

2. 发生规律　甘薯黑斑病菌主要以厚垣孢子、子囊孢子和菌丝体在病薯、大田、苗床土壤及粪肥中越冬，成为翌年发病的主要侵染源。甘薯受病菌侵染后，土温在15～35℃，土壤相对含水量为 14%~100% 均可发病。甘薯储藏期间,适宜发病温度为 23~27℃。

3. 防治措施

(1)建立无病留种地　最好选用 3 年以上没有种过甘薯的地块作为留种地。

(2)培育无病薯苗　①严格挑选种薯,剔除带病薯块。②药剂浸种用 50% 多菌灵可湿性粉剂 500 倍液或 50% 甲基硫菌灵可湿性粉剂 500 倍液等浸种 5 分钟。③采用高剪苗的方式,将苗床上的薯苗,距种薯基部 3~5 厘米处剪苗栽插。或将剪取的苗再密植于水肥条件好的地方,加强肥水管理,然后在距地面 10~15 厘米处高剪,栽插大田,此为二次高剪苗。有的地方从春薯田中剪取薯秧栽夏薯,也是一种高剪苗的防病措施。④栽插前用 50% 多菌灵可湿性粉剂 500 倍液等浸薯苗基部(6 厘米左右)10 分钟。

4. 选取抗黑斑病品种　抗黑斑病的品种有烟薯 25、郑红 21、漯薯 10 号、洛薯 13、冀薯 98、西成薯 007、渝苏 153、徐薯 28、秦薯 5 号、渝苏 151、苏薯 8 号、鄂薯 1 号、徐薯 23 等。

(二)甘薯根腐病

1. 症状　甘薯根腐病俗称烂根病、烂根开花病,是一种典型的土传病害。秧苗染病后根尖变黑,后蔓延到根茎,形成黑褐色病斑,病部表皮纵裂,皮下组织变黑(图 4-3)。发病重的地下根茎大部分变黑腐败,分枝少,节间短,直立生长,叶片小且硬化增厚。个别植株出现开花现象,叶片逐渐变黄反卷,向上干枯脱落,全株枯死。

图 4-3　甘薯根腐病症状(广东省农业科学院　黄立飞提供)

2. 发生规律　甘薯根腐病带菌土壤和土壤中的病残体是翌年的主要侵染来源。土壤中的病原菌至少可以存活 3 年。甘薯根腐病的发病温度为 21~30℃,土壤相对含水量在 10% 以下有利于发病,病地连作年限越长,土壤中病残体积累越多,含菌量越大,发病也越重。

3. 防治措施　①种植抗根腐病品种是防治根腐病最有效的措施,抗根腐病品种可选择商薯 19、郑红 22、徐薯 18、郑红 23、徐薯 25、徐薯 27、豫薯 13、商薯 7 号、济薯 15、苏薯 9 号、济薯 21、鄂薯 1 号等。②增施有机肥,提高植株的抗病能力。③与花生、芝麻、玉米、谷子等作物进行 3 年以上轮作倒茬。

(三)甘薯黑痣病

1. 症状　甘薯黑痣病俗称黑皮病。该病主要发生在甘薯表皮,不深入薯肉,在大田期和储藏期都有发生。起初为浅褐色小斑点,后扩展成黑褐色近圆形至不规则形大斑(图 4-4)。湿度大时病部出现灰黑色霉层,发病重的病部硬化产生微细龟裂。受害病薯易失水,逐渐干缩。

2. 发生规律　甘薯黑痣病病菌主要随病薯在窖内越冬,也可以在病蔓、土壤中越冬。田间植株发病后产生分生孢子侵染薯块。传播的适宜温度为 30~32℃。

3. 防治措施　①选用无病种薯,培育无病壮苗。②建立无病留种田。③实行 3 年以上轮作。④采用高畦或起垄种植,注意排涝,减少土壤湿度,增加土壤通透性,减少病菌的存活率。⑤栽种时薯苗用杀菌剂浸苗。

图 4-4　甘薯黑痣病危害薯块症状(江苏徐淮地区徐州农业科学研究所　孙厚俊提供)

(四)甘薯软腐病

1. 症状　甘薯软腐病俗称薯耗子、脓烂,是育苗期和储藏期发生较普遍的病害之一。染病初期,在薯块表面长出大量灰白霉,后变暗色或黑色,发病组织变为淡褐色浸渍状,病部表面长出大量灰黑色菌丝及孢子囊,黑色霉毛污染周围病薯,形成一大片霉毛,染病薯块出现酸霉味和臭味(图4-5)。

图4-5 甘薯软腐病危害薯块症状

2. 发生规律 甘薯软腐病病菌附着在甘薯和储藏窖内越冬,为初侵染源,菌丝体产生孢囊孢子从薯块两端和伤口侵入。

图4-6 甘薯干腐病危害薯块症状(江苏徐淮地区徐州农业科学研究所 孙厚俊提供)

3. 防治措施 ①适时收获和入窖,避免冷害。收获和入窖时最低气温不低于10℃,入窖前剔除病薯,把水汽晾干后入窖。②硫黄等熏窖。窖内旧土铲除露出新土,每立方米用硫黄15克等熏蒸消毒。③储藏期科学管理。储藏初期及时换气,储藏中期注意保温,储藏后期适时放风。

(五)甘薯干腐病

1. 症状 甘薯干腐病是甘薯储藏期的主要病害之一,严重时全窖发病,损失严重。病菌主要从伤口侵入,破坏组织,使之干缩成僵块,发病初期,薯皮不规则收缩,皮下组织呈海绵状,淡褐色,后期薯块腐烂成干腐状(图4-6)。在储藏后期,该病菌往往从黑斑病病斑处入侵产生并发症。

2. 发生规律 甘薯干腐病的初侵染源是种薯和土壤中越冬的病原菌。带病种薯在苗床育苗时,病菌侵染幼苗。带菌薯苗在田间呈潜伏状态,甘薯成熟期病菌可通过维管束到达薯块。发病最适气温为 20~28℃。

3. 防治措施　①培育无病种薯,选用 3 年以上的轮作地。②清洁薯窖,消毒灭菌。旧窖要打扫清洁,然后用硫黄等熏蒸(1 立方米用硫黄 15 克),入窖初期对薯块伤口进行高温愈合。

三、甘薯茎线虫病

(一)症状

甘薯茎线虫病俗称糠心病、菊花心、糠梆子、空心病等。苗期染病后植株变矮小、发黄,纵剖茎基部,内见褐色空隙。后期染病表皮破裂成小口,髓部呈褐色干腐状,剪开无白浆。茎蔓染病基部拐子上表皮出现黄褐色裂纹,后渐成褐色,髓部呈白色干腐,严重的茎蔓短,叶变黄或主蔓枯死(图 4-7)。薯块染病出现糠心型、裂皮型和混合型 3 种症状。糠心型:块根从顶端发病后逐渐向下部及四周扩展,先呈棉絮状白色糠道后变为褐心,这种类型一般由薯苗带病引起(图 4-8)。裂皮型:薯块外皮褪色后变青,有的稍凹陷或生小裂口,皮下组织变褐发灰,最后皮层变为暗紫色多龟裂,这种类型一般由土壤带病引起。混合型:表现为糠心型和裂皮型的混合症状,由薯苗和土壤带病引起。

图 4-7　甘薯茎线虫病危害茎蔓症状(江苏徐淮地区徐州农业科学研究所　孙厚俊提供)

图 4-8　甘薯茎线虫病危害薯块症状(江苏徐淮地区徐州农业科学研究所　孙厚俊提供)

(二)发生规律

甘薯茎线虫病的病原主要危害甘薯块根。病原线虫可以卵、幼虫、成虫随储藏薯越冬，幼虫、成虫也可在土壤、粪肥中越冬。

(三)防治措施

1. 加强检疫　严禁从病区调运种薯、种苗,防止疫区扩大。

2. 选用抗茎线虫病品种　如郑红 22、徐薯 25、豫薯 13、漯徐薯 8 号、苏薯 8 号、豫薯 10号等。

3. 种植无病种薯种苗　选用无病种薯是防治甘薯茎线虫病的根本措施,建立无病留种田,繁育和种植无病种薯种苗。

4. 药剂浸苗　可用 50%辛硫磷乳油 100 倍液等浸 10 分钟。

5. 药剂处理土壤　每亩用 30%辛硫磷微胶囊剂 1.5 千克拌细干土 300 千克,起垄时施在垄内或栽植时穴施在薯苗基部,或在技术人员指导下选用噻唑膦、丁硫克百威等药剂。

6. 轮作倒茬　与小麦、玉米、谷子、棉花、烟草等进行轮作,隔 3 年以上不种甘薯。

7. 消灭病源　在育苗、栽插和收获时,清除病薯块、病苗和病株残体。

第二节　甘薯主要害虫种类及其综合防控技术

一、甘薯地下部害虫

(一)金龟子类

1. 危害特点和识别　金龟子危害茎叶,幼虫(蛴螬)咬食薯块造成大而浅的孔洞。蛴螬(图 4-9)种类多,在同一地区,同一地块,常为几种蛴螬混合发生。蛴螬的成虫主要包括以下种类:

(1)华北大黑鳃金龟子　卵:椭圆形,乳白色,表面光滑。幼虫:体长 35~45 毫米,头部前顶刚毛每侧各 3 根成一纵列,肛门孔 3 裂,腹毛区有刚毛群生。成虫:体长 21~23 毫米,宽 11~12 毫米,长椭圆形,体黑色,臀节宽大呈梯形,中沟不明显,背板平滑下伸,鞘翅上各 3 条纵隆纹。

(2)大黑鳃金龟子 幼虫:体长 35~45 毫米,头部前顶刚毛每侧各 3 根成一纵列,腹毛区有刚毛散生。成虫:体大小、体色与华北大黑鳃金龟子相似,鞘翅上有 4 条明显纵隆纹,臀板短小,近三角形,背板呈弧形下弯。

(3)暗褐金龟子 幼虫:头部前顶刚毛每侧各 1 根,位于冠缝两侧,其他特征与华北大黑鳃金龟子幼虫相似。成虫:体长 17~22 毫米,宽 9~12 毫米,长椭圆形,体黑褐色,无光泽,全身有蓝白色细毛,鞘翅上有 4 条纵隆纹,两翅会合处有较宽的隆起。

(4)铜绿金龟子 卵:初产椭圆形,卵壳光滑,乳白色,孵化前呈圆形。幼虫:体长 30~33 毫米,肛门横裂,刺毛纵向平行两列,每列由 15~18 根长针状刺组成。成虫:体长 19~21 毫米,宽 8~11 毫米,具有金属光泽,背面铜绿色,两侧边缘处呈黄色,腹部黄褐色。

(5)黄褐金龟子 幼虫:体长 25~35 毫米,肛门横裂,刺毛纵列两行,后段向后呈"八"字形岔开。成虫:体长 15~18 毫米,宽 7~9 毫米,体淡黄褐色,鞘翅密布刻点,并有 3 条暗色纵隆纹,腹部密生细毛。

图 4-9 蛴螬(江苏徐淮地区徐州农业科学研究所 孙厚俊提供)

2. 防治措施

(1)农业防治 实行水、旱轮作,精耕细作,及时镇压土壤,清除田间杂草,以减少幼虫、成虫的生存繁殖场所。发生严重的地区,秋冬季翻地可把越冬幼虫翻到地表使其风干、冻死或被天敌捕食,机械杀伤,防效明显。同时,应禁止使用未腐熟的有机肥料,以防止招引成虫来产卵。

(2)物理方法 有条件的地区,可充分利用金龟子的趋光性,每 30~50 亩设置频振式杀虫灯一盏,或每30亩设置黑光灯诱杀成虫,以减少蛴螬的发生数量。

(3)化学防治 在栽植时,沟施或穴施丁硫克百威、辛硫磷颗粒剂等控制蛴螬的发生与危害。在金龟子出土盛期,于傍晚喷施高效氯氟氰菊酯防治大黑鳃金龟、暗黑鳃金龟和铜绿丽金龟成虫。

(二)金针虫

1. 危害特点和识别 金针虫能咬断刚出土的幼苗,造成缺苗断垄。幼虫在薯块上取食造成大量孔洞(图4-10)。金针虫成虫俗名叩头虫,幼虫别名铁丝虫(图4-11)。金针虫种类很多,主要有钩金针虫、细胸金针虫、褐纹金针虫、宽胸金针虫等。幼虫初孵时乳白色,头部及尾节淡黄色,体长1.8~2.2毫米,老熟幼虫体长20~30毫米,体金黄色,头部扁平,口部及前头部暗褐色。钩金针虫虫体扁平,深褐色,金灰色细毛,体长14~18毫米,宽3.5~5毫米。

图4-10 金针虫危害薯块(河北省农林科学院 王容燕提供)

图4-11 金针虫(河北省农林科学院 王容燕提供)

2. 防治措施

(1)农业防治 冬季深翻,及时清除杂草,在茬口安排上尽量避免小麦或玉米茬等种植甘薯。

(2)物理防治 利用金针虫的趋光性,在田间地头设置杀虫灯,诱杀成虫。

(3)化学防治 在田间堆放厚 8~10 厘米略萎蔫的鲜草撒布敌百虫粉,每亩 50 堆,或用氯氟氰菊酯兑水与适量炒熟的麦麸或豆饼混合制成毒饵,于傍晚顺垄撒入甘薯茎基部,可诱杀该虫。在栽秧时沟施或穴施丁硫克百威、辛硫磷等。

(三)小地老虎

1. 危害特点和识别 小地老虎幼虫(图 4-12)在茎基部咬断秧苗,造成缺苗断垄,被咬薯块的顶部为凹凸不平的虫伤瘢痕。卵扁圆形,高 0.38~0.5 毫米,宽 0.58~0.61 毫米,初产乳白色,渐变黄色。幼虫圆筒形,老熟幼虫体长 37~47 毫米,头宽 3~3.5 毫米,头部褐色,具黑褐色不规则网纹,体灰褐至暗褐色,体表粗糙、分布大小不一而彼此分离的颗粒,蛹体长 18~24 毫米、宽 6~7.5 毫米,赤褐色有光泽。成虫体长 17~23 毫米,翅展 40~54 毫米,头、胸部背面呈暗褐色。

图 4-12　小地老虎幼虫(河北省农林科学院　王容燕提供)

2. 防治措施

(1)农业防治 除草灭虫,产卵期除净杂草,减少产卵场所和幼虫食料来源。深秋或初冬深耕翻土细耙,不仅能直接消灭部分越冬的蛹或幼虫,也可将蛹或幼虫暴露于地表,降低其存活率,或遭天敌昆虫捕食。

(2)物理防治 用糖醋液诱杀成虫,按照糖 3 份、醋 4 份、酒 1 份、水 2 份,再加菊酯类杀虫剂调匀配成诱液,将诱液放在盆里,傍晚置于田间,位置距地面 1 米左右。另外在田间安装频振式杀虫灯,每盏灯可控制 15 亩的范围。

(3)化学防治 针对不同龄期的幼虫,采用不同的施药方法,幼虫 3 龄前喷雾、喷粉或撒毒土进行防治;3 龄后,田间出现断苗,可用毒饵或毒草诱杀。

1)喷雾 喷施氯虫苯甲酰胺、辛硫磷、氯氰菊酯等。

2)毒土 可选用溴氰菊酯或辛硫磷等加水适量,喷拌细土50千克配成毒土,顺垄撒施于秧苗根际附近。

3)毒饵或毒草 可选用敌百虫或辛硫磷等,加水2.5~5升,喷在50千克碾碎炒香的豆饼或麦麸上,于傍晚在受害甘薯田间每隔一定距离撒一小堆。铡碎的鲜草拌90%敌百虫晶体800倍液,每亩用药液25~40千克,于傍晚撒在薯垄上毒杀。

(四)蝼蛄

1. 危害特点和识别 蝼蛄昼伏夜出,21:00~23:00为活动取食高峰,具有强烈的趋光性和趋化性,对香、甜气味物质,还有牛粪、有机肥等未腐烂有机物都有趋性。蝼蛄食性杂,成虫、若虫(图4-13)均危害严重,在土中取食幼根、薯块或将幼苗咬断致死,蝼蛄在土中活动时,能形成许多隧道,使苗根脱离土壤,致使幼苗失水而枯死,造成缺苗。危害最严重的有华北蝼蛄和东方蝼蛄两种:华北蝼蛄体长3.9~6.6厘米,黄褐色,主要分布于长江以北地区;东方蝼蛄体长3.0~3.5厘米,灰褐色,是我国分布最为普遍的蝼蛄种类,属全国性害虫。蝼蛄产卵孵化后成若虫,形态与成虫相似。蝼蛄生活史一般较长,1~3年才能完成1代,均以成虫、若虫在土壤中越冬。

图4-13 蝼蛄若虫(广东省农业科学院 黄立飞提供)

2. 防治措施

(1)物理防治

1)灯光诱杀 蝼蛄具有趋光性,可用灯光进行诱杀,此法必须大面积使用,小面积使用只能将蝼蛄招来,反而加重危害。

2)人工捕杀 掌握蝼蛄的产卵期,铲去土表上层,找到洞口,顺洞口挖下去,发现成虫和卵加以消灭。

（2）化学防治

1）毒饵诱杀　可用 50% 辛硫磷乳油 100 毫升或 90% 敌百虫晶体 50 克等兑水 1~1.5 千克稀释，再与 2.5~3 千克炒香的豆饼或麦麸拌匀制成毒饵。每亩地用毒饵 2~3 千克，傍晚时均匀撒在垄上或穴施。

2）毒谷诱杀　每亩用谷子 0.5~0.8 千克、90% 敌百虫晶体 50 克，先将干谷子煮成半熟，捞出晾至半干，敌百虫用少量水化开，再将谷子和药拌匀，晾至 80% 干，栽种时撒入垄上或穴施。

二、甘薯地上部害虫

（一）烟粉虱

1. 危害特点和识别　烟粉虱（图 4-14）俗称小白蛾，是一种食性杂、分布广的小型刺吸式昆虫，已成为一种严重危害甘薯等农作物的世界性重要害虫，若虫和成虫均可危害植物的幼嫩组织，影响寄主生长发育；分泌蜜露诱发煤污病，影响叶片正常光合作用，传播植物病毒，使植物生长畸形。烟粉虱一年发生 11~15 代，世代重叠。烟粉虱成虫雌虫体长 0.91 毫米±0.04 毫米，雄虫体长 0.85 毫米±0.05 毫米，体淡黄色至白色，无斑点，前翅有 2 条翅脉，有 1 条脉不分叉，左右翅合拢呈屋脊状。一般雄虫都比雌虫的个体要小，雌虫尾端钝圆，雄虫呈钳状。气候条件是影响烟粉虱发生的重要因素，其中温度对烟粉虱分布与扩散影响较大，烟粉虱适宜发育温度为 25~30℃。

图 4-14　烟粉虱(广东省农业科学院　黄立飞提供)

2. 防治措施

（1）农业防治　秋季、冬季清洁田园，烧毁枯枝落叶，消灭越冬虫源。

（2）物理防治　在黄板上涂抹捕虫胶诱杀烟粉虱，黄板应悬挂在距甘薯的生长点 15 厘米处，每亩约挂 50 块。

（3）化学防治　由于烟粉虱对多种杀虫剂产生了不同程度的抗药性，不同地区应根据当地烟粉虱对不同药剂的抗性程度合理选择防控药剂。可选用 3% 啶虫脒微乳剂 0.9~1.8

克/亩、22.2%螺虫乙酯悬浮剂 35~40 毫升/亩、10%溴氰虫酰胺悬乳剂 40~50 毫升/亩、22%螺虫·噻虫嗪悬浮剂 50 毫升/亩等,上述药剂应交替使用。对于封闭的环境可采用烟雾法,棚室内可选用 20%异丙威烟剂 250 克/亩等,在傍晚时将温室或大棚密闭,把烟剂分成几份点燃熏烟杀灭成虫。

（二）甘薯天蛾

1. 危害特点和识别　甘薯天蛾又称旋花天蛾、白薯天蛾、甘薯叶天蛾。成虫体长 43~52 毫米,翅展 100~120 毫米,体翅暗灰色,具强趋光性,飞翔力强(图 4-15)。初卵幼虫虫体为浅黄色,取食后体色为绿色;1~3 龄幼虫体色为绿色,4~5 龄体色多变,有绿色型、黑色条纹型和褐色型(图 4-16)。绿色型,头黄绿色,胸腹部绿色,腹部 1~8 节,各节的侧面有 1 条黄褐色斜纹,气门和尾角杏黄色,末端为黑色;黑色条纹型,头黄褐色,腹部有明显的黑色条纹,气门黄色,多数尾角末端为黑色。褐色型,体色褐色,胸腹部有浅色条纹,尾角黑色。幼虫取食叶片和嫩茎,高龄幼虫食量大,严重时可把叶吃光,仅留老茎。

图 4-15　甘薯天蛾成虫(广东省农业科学院　黄立飞提供)

图 4-16　甘薯天蛾幼虫(河北省农林科学院　王容燕提供)

2. 防治措施　人工捕杀幼虫,黑光灯、糖蜜液诱杀成虫,在低龄幼虫期用 2.5%高效氯氰菊酯悬浮剂 2 000 倍液、5%氯虫苯甲酰胺可湿性粉剂 1 000 倍液、2.2%甲氨基阿维菌素苯甲酸盐微乳剂 2 000 倍液、1.8%阿维菌素乳油 1 000~2 000 倍液等进行植株茎叶喷雾。

（三）甘薯麦蛾

1. 危害特点和识别　甘薯麦蛾又叫甘薯卷叶蛾、甘薯小蛾、甘薯卷叶虫等,属鳞翅目麦蛾科,除危害甘薯外,还危害蕹菜、牵牛花等旋花科植物,主要以幼虫吐丝卷叶,在卷叶内取食叶肉，留下白色表皮，状似薄膜，幼虫还可危害嫩茎和嫩梢，发生严重时，大部分薯叶被卷食，仅剩叶脉和叶柄，整个叶片呈现"火烧"现象。成虫体长4~8毫米，翅展16~18毫米，翅宽2.5~3毫米，头胸部褐色，前翅黑褐色，中央有两个黄褐色、长圆形小斑纹，外缘有5~7个横列小黑点，后翅淡褐色比前翅宽短，前后翅均有较长缘毛，具有很强的趋光性（图4-17）。幼虫体长6毫米左右，黑褐色间有灰白色条纹。前胸淡黄绿色，中胸至第2腹节黑色，第2腹节以下各节呈淡黄绿色，背面具有1条较宽的灰白色背线，各节并具1条体后下侧斜行的黑色线条（图4-18）。

图4-17　甘薯麦蛾成虫（广东省农业科学院　黄立飞提供）

图4-18　甘薯麦蛾幼虫（广东省农业科学院　黄立飞提供）

2. 防治措施　秋后要及时清洁田园，消灭越冬蛹，降低田间虫源，开始见幼虫卷叶危害时，要及时捏杀新卷叶中的幼虫或摘除新卷叶，在幼虫发生初期施药防治，施药时间以16:00最好，药剂可选用2%阿维菌素乳油1 500倍液、5%氟虫脲可分散液剂1 500倍液、2.5%高效氯氰菊酯乳油2 000倍液等。收获前10天应停止用药。

（四）斜纹夜蛾

1. 危害特点和识别　斜纹夜蛾又名莲纹夜蛾，属鳞翅目夜蛾科，是甘薯等农作物上的一种重要的远距离迁飞性害虫。幼虫叫夜盗虫、五彩虫、乌蚕、野老虎等,是杂食性害虫,能危害多种蔬菜、棉花、大豆及甘薯等,严重发生时,可将叶片吃光,仅留下叶脉及茎秆,植株逐渐枯死。成虫体长14~20毫米,翅展35~40毫米,全体灰褐色,前翅灰褐色,斑纹复杂,中部近前缘至后缘具一向后斜走的由3条灰白色条纹组成的色泽鲜明的条斑(图4-19)。成虫飞翔力强,有趋光性,喜食糖醋和发酵物,寿命一般5~7天,冬天可达12天。卵成块状,外覆灰黄色疏松的绒毛。幼虫体长35~47毫米,头部黑褐色,体色为土黄色、青黄色、灰褐色或暗绿色,背线、亚背线及气门下线均为灰黄色及橙黄色,从中胸至第9腹节在亚背线内侧有三角形黑斑1对,其中以第1、第7、第8腹节的最为明显(图4-20)。

图4-19　斜纹夜蛾成虫(广东省农业科学院　黄立飞提供)

图4-20　斜纹夜蛾幼虫(广东省农业科学院　黄立飞提供)

2. 防治措施

(1)农业防治　注意清除田间及地边杂草,灭卵及初孵幼虫。

(2)物理防治　斜纹夜蛾成虫均具有较强的趋光性和趋化性,可利用黑光灯、频振式杀虫灯、性诱剂、糖醋液等进行诱杀,还可利用斜纹夜蛾性诱剂诱杀雄蛾以降低雌蛾的产卵量。

(3)化学防治　幼虫3龄以前可用3%啶虫脒微乳剂0.9~1.8克/亩、22.2%螺虫乙酯悬浮剂 35~40 毫升/亩、1.8%阿维菌素乳油 1 000~2 000 倍液等进行轮换喷雾防治。

(五)甘薯叶甲

1. 危害特点和识别　甘薯叶甲属鞘翅目肖叶甲科,1 年发生 1 代。成虫危害甘薯幼苗嫩叶、嫩茎,致幼苗顶端折断,严重危害也可导致幼苗枯死。成虫体长 5~6 毫米,宽 3~4 毫米,体短宽,体色变化大,有青铜色、蓝色、绿色、蓝紫、蓝黑、紫铜色等,触角基部 6 节,蓝色或黄褐色,端部 5 节黑色,头部生有粗密的刻点,刻点间具纵皱纹,鞘翅隆凸,肩胛高隆,光亮,翅面刻点混乱较粗密(图 4-21)。幼虫危害土中薯块,把薯表咬成弯曲伤痕,影响薯块膨大。幼虫黄白色,体长 9~10 毫米,体粗短呈圆筒状,有的弯曲,体多横皱褶纹(图 4-22)。

图 4-21　甘薯叶甲成虫(河北省农林科学院　王容燕提供)

图 4-22　甘薯叶甲幼虫(河北省农林科学院　王容燕提供)

2. 防治措施

(1)农业防治　利用该虫的假死性,于早、晚在叶上栖息停止活动时,将其振落到塑料袋内集中消灭。

(2)化学防治　在甘薯栽苗或施夹边肥时,施用毒死蜱、辛硫磷等颗粒剂,每亩有效成分 150~200 克。在成虫盛发期,可用 1%甲氨基阿维菌素苯甲酸盐微乳剂 2 000~3 000 倍液等喷雾防治。

（六）红蜘蛛

1. 危害特点和识别　红蜘蛛又名棉红蜘蛛,俗称大蜘蛛、大龙、砂龙等,属蛛形纲蜱螨目叶螨科,是一种螨类害虫,以口针吸食汁液危害甘薯的叶、枝,其中以叶片危害最重,受害叶片常出现许多灰白色小斑点,失去固有光泽,危害严重的使叶片脱落,以成螨、若螨聚集在叶背面,刺吸汁液,并吐丝结网,受害叶片危害严重时叶面出现红点,并且红点范围逐渐扩大,最后变成锈红色,严重时大面积受害,叶片焦枯脱落,甚至整株枯死。雌成螨体长0.42~0.52毫米,椭圆形,体色变化大,一般为红色,体背两侧各有一块黑长斑;雄成螨体长0.26毫米,近卵圆形,多呈绿色(图4-23)。卵圆球形,光滑,越冬卵红色,非越冬卵淡黄色。

图4-23　红蜘蛛(河北省农林科学院　王容燕提供)

2. 防治措施

（1）农业防治　清除田间及四周杂草,集中销毁;深翻地灭茬、晒土,促使病残体分解以减少病、虫源;注意保护中华草蛉、食螨瓢虫、捕食螨类等天敌,可增强其对红蜘蛛种群的控制作用。

（2）化学防治　用15%哒螨灵乳油2 000倍液或1.8%阿维菌素乳油6 000~8 000倍液等均可达到较好的防治效果。在发生量较大时,可选择毒杀成螨的药剂(联苯菊酯等)和杀卵药剂(噻螨酮、螺螨酯等),混合或轮换施用。

第三节　甘薯田常见杂草危害及其综合防控技术

一、禾本科杂草

（一）马唐

又名抓地草,属于禾本科杂草,为一年生草本植物(图4-24)。幼苗深绿色,秆丛生,基部展开或倾斜着地后节处易生根或具分枝,叶鞘松弛抱茎,大部分短于节间,叶舌钝圆膜质,总状花序长5~18厘米,4~10枚,呈指状排列,下部的近轮生,4~6月均可出苗,花果期6~11月,种子边成熟边脱落,可随水流、风力和动物活动传播扩散。成熟种子有休眠习性,马唐为秋熟旱作物地恶性杂草,发生数量、分布范围在旱地杂草中均居首位。

图 4-24　马唐

(二)牛筋草

又名蟋蟀草,属于禾本科杂草,一年丛生草本植物,秆丛生,基部倾斜,高 10~90 厘米(图 4-25)。叶鞘压扁,具脊,无毛或疏生疣毛,叶片扁平或卷折,穗状花序,常为数个呈指状排列于茎顶,颖果披针形,有脊,5 月初出苗并很快高峰,而后于 9 月出现第二次高峰,一般颖果于 7~10 月陆续成熟,边成熟边脱落,种子经冬季休眠后萌发,萌发的适宜温度为20~40℃,适宜土壤深度 0~1 厘米,为甘薯田危害较重的恶性杂草。

图 4-25　牛筋草

(三)狗尾草

又名狗毛草,属禾本科杂草,一年生草本植物,种子繁殖,成株直立或基部膝曲上升,株高 10~100 厘米,叶片条状披针形,叶鞘松弛,光滑,鞘口有毛,叶舌毛状,圆锥花序呈圆柱状直立或稍弯垂,比较耐旱、耐贫瘠(图 4-26)。一般 4~5 月出苗,5 月下旬形成高峰,以后随浇水或降水还会出现出苗高峰,早苗 6 月初可抽穗开花,7~9 月种子陆续成熟,种子经越冬休眠后萌发,狗尾草为甘薯田主要杂草之一。

图 4-26　狗尾草

（四）旱稗

又名稗子,属于禾本科杂草,一年生草本植物,种子繁殖。株高 50~130 厘米,须根庞大,成株秆丛生,直立或基部膝曲,光滑无毛。叶片主脉明显,叶鞘光滑柔软,无叶舌及叶耳,圆锥花序,小穗密集于穗轴一侧,颖果椭圆形,骨质,有光泽,种子繁殖。旱稗种子萌发温度为 13~45℃,适宜温度为 20~35℃,最适土壤深度 1~2 厘米,6 月中旬抽穗开花,6 月下旬开始成熟,喜温暖潮湿环境,适应性强,常生于水田、田边、菜园、茶园、果园、苗圃及村落住屋周围隙地。

图 4-27　马齿苋

二、阔叶杂草

（一）马齿苋

属马齿苋科杂草,一年生草本植物。茎下部匍匐,上部略能直立或斜上,呈绿色或淡紫色,全体光滑无毛,单叶互生或近对生,叶片肉质肥厚,长方形或匙形或倒卵形,花无梗,3~5 朵生于枝顶端,花萼 2 片,花瓣 5 瓣,黄色,卵状长圆形（图 4-27）。春、夏季都有幼苗发生,盛夏开黄色小花,夏末秋初果熟,种子量极大,分布遍及全国,为甘薯田的主要杂草。

（二）苍耳

又名老苍子,属菊科杂草,一年生草本植物。种子繁殖,全株粗壮,成株高30~100厘米,叶片互生,具长柄,叶边缘有不规则的锯齿或常呈不明显的浅裂,花单性,雌雄同株,头状花序腋生或顶生,雄花序球形,黄绿色集生于花轴顶端,在河南省一般4~5月萌发,7~8月开花,8~9月为结果期,根系发达,入土较深,不易清除和拔出,种子粗壮,生命力强,经休眠后萌发,喜温暖稍湿润气候,耐干旱瘠薄,适生于稍潮湿的环境,分布于全国各地。

（三）藜

又名灰灰菜、落藜,属苋科藜属杂草。种子繁殖,一年生草本植物,茎直立,粗壮,株高60~120厘米,叶互生,叶片菱状卵形至披针形,基部宽楔形,边缘常有不整齐的锯齿,花两性,数个集成团伞花簇,花小。适应性强,抗寒、耐旱,喜肥喜光,一般3月中旬出苗,花果期5~10月,种子的萌发温度为10~40℃,适宜温度为20~30℃,最适土层深度为5厘米以内。种子落地或借外力传播,经冬眠后萌发,分布广泛,是甘薯田重要杂草,发生量大,危害严重。

（四）苘麻

属锦葵科杂草,为一年生草本植物,种子繁殖（图4-28）。成株高30~150厘米,茎直立,具软毛,叶互生,圆心形,先端尖,基部心形,边缘具圆齿,两面密生柔毛,叶柄长8~18厘米,花单生于叶腋,花梗长0.8~2.5厘米,粗壮,花萼绿色,下部呈管状,上部5裂,裂片圆卵形,先端尖锐,花瓣5瓣,花黄色,蒴果成熟后裂开,种子肾形、褐色,具微毛,一般4~5月出苗,花期6~8月,果期8~9月。河南省乃至全国广布,适生于较湿润而肥沃的土壤,原为栽培植物,后为野生,部分地方发生严重。

图4-28　苘麻

（五）田旋花

又名箭叶旋花，属旋花科杂草，为多年生草质藤本植物，以根和种子繁殖，常成片发生，具有根和根状茎，直根入土深，根状茎横生，茎平卧或缠绕，有棱，叶互生，有柄，叶片戟形或箭形，花1~3朵腋生，花梗细弱，花萼5片，花冠漏斗形，粉红色，蒴果球形或圆锥状。田旋花为多年生缠绕草本植物，地下茎及种子繁殖，地下根状茎深达30~50厘米，秋季近地面处的根茎产生越冬芽，翌年长出新植株，一般花期5~8月，果期6~9月，分布较广泛。

（六）打碗花

又名小旋花，一年生草本植物，地下茎及种子繁殖。打碗花幼苗光滑无毛，子叶近方形，先端微凹，基部截形，有柄。基部叶片长圆形，长1.5~4.5厘米，宽2~3厘米，顶端圆，基部戟形，上部叶片3裂，蒴果卵球形，长约1厘米，宿存萼片与之近等长或稍短。种子黑褐色，卵圆形，长4~5毫米，表面有小疣。打碗花喜欢温和湿润的气候，也耐恶劣环境，适应沙质土壤。以地下茎和种子繁殖，地下茎质脆易断，每个带节的断体都能长出新的植株，田间以无性繁殖为主。一般4~5月出苗，花期7~9月，果期8~10月。河南省各产区均有发生，由于地下茎蔓延迅速，常形成优势群落，部分地区甘薯田危害较重。

（七）皱果苋

又名绿苋，属苋科杂草，皱果苋为一年生草本植物，种子繁殖。成株高40~80厘米，茎直立，常由基部散射出3~5个枝，叶卵形、卵状长圆形或卵状椭圆形，先端常凹缺，少数圆钝，有1个短尖头，圆锥花序，顶生，有分枝，顶生花穗比侧生者长，胞果扁球形，一般苗期在4~5月，花期在7~8月，果期在8~10月，分布广泛，适应能力强，为甘薯田主要杂草。

（八）龙葵

又名黑星星、苦葵，一年生草本植物，种子繁殖（图4-29）。龙葵子叶阔卵形，先端钝尖，叶基圆形，叶缘生混杂毛，有长柄。叶对生，卵形，顶端尖锐，全缘或有不规则波状粗齿。成株高30~100厘米，植株粗壮，茎直立，多分枝，绿色或紫色。花序为短蝎尾状或近伞形，侧生或腋外生，有花4~10朵，白色细小；浆果球形，成熟时黑色。种子近卵形，扁平，长约2毫米，淡黄色，表面略具细网纹及小凹穴。种子萌发的适宜温度为14~22℃，一般4~6月出苗，7~9月现蕾、开花、结果。生长适宜温度为22~30℃，开花结实期的适宜温度为15~20℃。

三、莎草科杂草

（一）香附子

成株高20~95厘米，具匍匐根状茎和椭圆形块茎，有时数个相连（图4-30）。第1片真叶线状披针形，有5条明显的平行脉，叶片横剖面呈"V"形。花序穗状，3~6个在茎顶复排成伞状，基部有叶片状的总苞2~4片；小穗宽线形，长1~3厘米，宽约1.5毫米；每棵着生1花，雄蕊3个，花药线形；柱头3个，呈丝状。香附子耐热喜光，不耐寒。遮阴明显影响块茎形成。可以块茎和种子繁殖，田间以块茎繁殖为主，块茎发芽温度为13~40℃，适宜温度为30~35℃。

图 4-29　龙葵(江苏徐淮地区徐州农业科学研究所　孙厚俊提供)

图 4-30　香附子

(二)碎米莎草

　　成株高 8~85 厘米。叶片长线形,宽 3~5 毫米;叶状苞片 3~5 枚;叶鞘红棕色;穗状花序具小穗 5~22 个,小穗呈长圆形至线状披针形,具花 6~22 朵,有脉 3~6 条。小坚果呈倒卵形或椭圆形、三棱形,褐色。碎米莎草春季和夏季出苗,夏季和秋季开花结果,干燥、湿润旱地均有发生和危害。

四、甘薯主要草害综合防控技术

　　甘薯田间杂草竞争性危害更多集中在甘薯栽插初期。目前,能安全、高效地防除甘薯田所有杂草的化学除草剂还比较缺乏,因此,现在对甘薯生产中的杂草控制主要采取包括农业防治、物理防治和化学防治在内的综合防治方法。

(一) 农业防治

农业防除甘薯田间杂草的措施,主要是采用耕作措施、栽培技术、田间管理措施等,控制和减少农田土壤中杂草种子基数,抑制杂草的成苗和生长。

1. 耕作措施　耕作措施是作物生长期间重要的除草措施,但因为每次耕作都会增加甘薯的生产成本,所以通过耕作措施控制甘薯田杂草危害需要强调适时、有效。一般在甘薯栽插后及时人工除草,可有效地防治甘薯田间杂草;夏栽甘薯田抓紧时间中耕除草、串沟、培垄,避免雨季形成草荒;春薯田已经封垄,可以及时拔出杂草。

2. 覆盖治草　指在土壤表面通过覆盖豆科、禾本科绿肥作物的秸秆或残茬,不仅可以抑制杂草萌发和生长,而且可以增加土壤肥力。对已出苗的小草,通过覆盖削弱其长势,使其死亡,从而达到防除杂草的目的。

3. 黑色膜栽培　采用黑色膜进行甘薯覆膜栽培不仅能有效防除杂草,还能够保墒,改善土壤结构,提高甘薯鲜薯产量及商品薯率。

(二) 化学防治

化学防治是一种应用化学除草剂治理杂草的防除方法,是消灭农田杂草、保障农作物增产的重要科学手段,具有除草效率高、效果好、增产效果显著等特点,并且有利于病虫害的综合防治。甘薯田常用的化学除草剂一般分为苗前土壤处理除草剂和苗后茎叶处理除草剂。甘薯田除草剂可单独使用,也可将几种除草剂混合起来使用,以扩大杀草谱。

1. 甘薯田栽种期杂草防治技术　甘薯生产中采用的栽种方法基本上都是育苗移栽,可于甘薯移栽前 2~3 天或移栽后喷施土壤封闭性除草剂,防止杂草对甘薯产生危害,常用除草剂及其施药方法如下:

(1) 乙草胺　做苗前土壤处理,用于防治一年生禾本科及部分阔叶杂草和莎草科杂草,每亩用 50% 乙草胺乳油 150~250 毫升,兑水 40~50 千克,于薯苗栽前或栽后均匀喷洒。乙草胺在土壤中的特效期为 45~60 天,主要通过微生物降解,在土壤中移动性小,主要保持在 0~3 厘米的土层中,对后茬作物无影响。

(2) 二甲戊灵　做苗前土壤处理,用于防除一年生禾本科杂草和少量阔叶杂草,如马唐、狗尾草、牛筋草、稗草、藜、苋、蓼等杂草,每亩用 33% 二甲戊灵乳油 150~300 毫升,兑水 40~50 千克均匀喷施。

(3) 乙氧氟草醚乳油 (果尔)　做苗前土壤处理,对一年生阔叶杂草、莎草、禾本科杂草都具有较高防效,其中对阔叶杂草的防效高于禾本科杂草,恰与酰胺类除草剂有互补性,故在长期单一使用酰胺类除草剂的地区,推广乙氧氟草醚或其混剂是一种理想选择,整地后薯苗栽插前,每亩用 24% 乙氧氟草醚乳油 40~60 毫升,兑水 30~50 千克均匀喷雾。

(4) 异丙甲草胺　异丙甲草胺是酰胺类选择性芽前除草剂,如果田间土壤墒情好,杂草种子萌发穿过药土层时即被杀死。该药在杂草 1~2 叶期施药也有除草效果,可有效防除马唐、牛筋草、稗草、狗尾草、千金子、金狗尾草等一年生禾本科杂草和某些阔叶类杂草,如藜、反枝苋、马齿苋等,对铁苋菜、苘麻、打碗花等阔叶类杂草防除效果较差。适宜用药时期为起垄后甘薯栽插前或栽插后杂草出苗前,每亩用 72% 的异丙甲草胺乳油 150~300 毫升,兑

水40~50升,均匀喷雾进行土壤处理。

(5)异丙草胺　异丙草胺是酰胺类芽前除草剂,可有效防除马唐、牛筋草、稗草、狗尾草、画眉草等一年生禾本科杂草和藜、反枝苋、马齿苋、龙葵等阔叶类杂草,对铁苋菜、苘麻等防效较差。适宜用药时期为起垄后甘薯栽插前或栽插后杂草出苗前,每亩用72%异丙草胺乳油100~300毫升,兑水40~50升,均匀喷雾进行土壤处理。

(6)萘丙酰草胺乳油　做苗前土壤处理,是防治甘薯田杂草的优良除草剂,可以安全、高效地防治一年生禾本科杂草和藜、苋、苘麻等阔叶杂草,对马齿苋和铁苋的防治效果较差,每亩用20%萘丙酰草胺乳油200~300毫升,兑水40千克均匀喷施。

2. 甘薯田生长期杂草防治技术　对于前期未能采取化学除草或化学除草失败的田块,应在田间杂草基本出苗且杂草处于幼苗期时及时施药防治。常用除草剂及其施药方法如下:

(1)精喹禾灵　用于甘薯田防除稗、牛筋草、狗尾草、马唐等一年生禾本科杂草,提高剂量后对狗牙根、芦苇等多年生杂草也有一定的效果。每亩用5%精喹禾灵乳油50~100毫升兑水30千克,均匀茎叶喷雾处理。

(2)灭草松液剂　灭草松液剂是具选择性的触杀型药剂,用于杂草苗期茎叶处理,对阔叶杂草反枝苋、马齿苋和莎草科的碎米莎草等均有很好的防效。每亩用48%灭草松液剂130~200毫升,兑水30千克均匀茎叶喷雾。

(3)烯草酮乳油　具有优良的选择性,可有效防除马唐、狗尾草、牛筋草等禾本科杂草。每亩用24%烯草酮乳油20~30毫升,兑水30千克均匀茎叶喷雾。

(4)氯吡嘧磺隆　对甘薯田阔叶杂草和香附子等莎草科杂草有很好的防治效果,对甘薯安全性高,对甘薯产量没有影响,能够达到一定的增产效果。因此,可以在甘薯田使用氯吡嘧磺隆,建议供试药剂在杂草2~4叶期喷雾处理,75%氯吡嘧磺隆水分散粒剂,推荐有效成分含量为3~4克/亩。

(5)精吡氟禾草灵　适用于甘薯田防除一年生禾本科杂草如稗、牛筋草、马唐等,对多年生禾本科杂草也具有良好的防除效果,对人、畜低毒。每亩用15%精吡氟禾草灵乳油50~100毫升,兑水30千克均匀茎叶喷雾。

(6)唑嘧磺草胺悬浮剂　唑嘧磺草胺悬浮剂是一种高效、高选择性的除草剂,具有广谱、作用迅速、施药方式灵活、抗旱、适用范围广等特点,对一年生阔叶杂草藜、反枝苋均具有较好的防除效果。10%唑嘧磺草胺悬浮剂适宜用量为1~4克/亩,兑水20~30千克搅匀喷雾,生产中应均匀施药,不宜随便改动配比,否则易发生药害或效果不明显。

第四节　甘薯农药使用技术与药害解救措施

一、甘薯农药使用技术

安全使用农药的核心是科学正确使用,这就要求使用农药必须根据生产实际中千变万化的自然条件和生产条件,正确合理选择农药,充分发挥农药的特性,进行综合分析、灵活运用。

(一)使用原则

1. 农药的购置、运输和储存 购买时必须注意农药的包装,防止破漏,注意农药的品名、有效成分、含量、出厂日期、使用说明等,不购买鉴别不清、质量失效的农药。购置的农药要专柜加锁专人保管,若购置种类多、数量大的农药,应有专门的房屋保管。运输农药时,应先检查包装是否完整,发现渗漏、破裂的,应及时更换,或者用规定的材料重新包装后再运输,并及时处理好被污染的地面、运输工具、包装材料,搬运农药时要轻拿轻放,按照标志进行堆放,农药不得与粮食、蔬菜、瓜果、食品和日用品等混合运输。不准将农药存放在居住室、食品柜和房屋内,严禁放在儿童能触摸到和狗、猫能触及的地方,要存放在低温、阴暗处。

2. 使用范围 凡已列入《农药安全使用标准》的品种,都要按照《农药安全使用标准》的要求执行;凡是国家明令禁止的高毒农药,不得在甘薯上使用。

3. 注意事项 一是配药时,配药人员要戴胶皮手套,严格按照规定的剂量称取药液或药粉,不得任意增加用量,严禁用手拌药。二是拌种要用工具搅拌,用多少拌多少,拌过的种子应尽量用机具播种,如确需手撒或点种,必须戴防护手套,播种以后剩余的毒种应及时销毁,不准用作口粮或饲料。三是配药和拌种时,要远离饮用水源和居民生活区,要有专人看管,严防农药、毒种丢失或被人、畜、家禽误食,用过的农药包装物要深埋或销毁。四是大风和中午高温时应停止喷药,药桶内不要装得太满,防止溢出污染施药者的身体,不要使用损坏或跑冒滴漏严重的喷雾器。喷药过程中如发生堵塞,应先用清水冲洗后再排查故障,切忌用嘴吹、吸喷头和滤网。五是喷洒过农药的地方要有标志,在安全期内禁止放牧、割草、挖野菜,以防人、畜中毒。六是要及时将施药的器械如喷雾器、量具等清洗干净,连同剩余农药一起交专门保管人员,不得带回家,清洗药械的污水应选择安全地点妥善处理,不准随意泼洒,防止污染饮水源和鱼塘,盛过农药的器具,不准再用来盛放粮食、油、酒水和饲料。

4. 施药的保护 一是施药人员要由认真负责、身体健康、经过技术培训的人员担任,凡是体弱多病者、患皮肤病及其他疾病未愈者,以及哺乳期、孕期、经期的妇女,均不得喷药,且喷药时不得携带儿童到作业地点。二是施药人员必须佩戴防毒口罩,穿长袖衣服、长裤和鞋袜,不得在打药期间进食、饮水、饮酒、抽烟,不能用手擦嘴、脸、眼睛,工作结束之后,要用肥皂彻底清洗手、脸并漱口,有条件的应洗澡,被农药污染的衣服、工作服要及时更换、清洗。三是施药人员每天工作一般不得超过6小时,使用背负式机动药械的,要两人轮换操作。四是操作人员如有头疼、头昏、恶心、呕吐等症状时,及时到医院诊断治疗,并出示使用过的农药标签,以便医生确诊,对症下药。

(二)科学使用技术

施药时要严格遵守使用方法、程序、剂量、浓度,按照操作要求和标准进行。

1. 农药选择 首先是严格禁止使用国家明令禁止的农药,限制使用高毒农药,特别是一些毒性强、易残留,对农产品质量、环境和人们身体健康有影响的农药。其次是根据不同病虫害及其发生规律、危害程度、环境条件等,选择适用的农药品种及使用方法,优先选用生物农药及用量少、毒性低、残留期短的农药,同时考虑农药的价格和经济承受能力。

2. 合理选择施药方法 施药者应按照农药标签上的推荐剂量用药,控制施药次数、施药量、间隔期,要遵守农药使用规范,还必须根据当地习惯和环境、有害生物种类和发生规律、药剂性质和剂型特点等确定。施药的方法主要有喷雾法、喷粉法、浇灌根施法、撒施(泼浇)法、熏蒸法、烟雾法、浸种(苗)法、拌种(土)法、毒饵法、土壤处理法、引诱法、植株药剂注入法、植株药剂包扎法和飞行器喷药法。要根据对象和具体情况选择适宜的施药方法,提高农药利用率。

3. 适时施药 要了解和把握有害生物的防治标准,当达到防治标准临界点时,要及时购买和喷施防治,防治害虫、鼠、草害,一般要选择在低龄期、幼虫期、幼苗期等关键时期进行;防治病害,应在始见病害时就用药,过早或过晚施药均达不到理想效果。掌握防治标准,可以避免盲目施药,减少施药次数,降低成本,减少环境污染。不同天气状况应选用不同施药方法。如喷雾法防治应在 8:00~10:00 或 16:00~18:00 无风、微风的晴朗天气进行,雨后或有露水时,不要喷雾;棚室内不要在阴雨天用喷雾法施药,以免空气湿度过大,降低防效或诱发病害,但可用喷粉法、烟雾法施药。喷粉法应选择有露水,早、晚处于逆温层时进行。

4. 合理混用农药 农药混用既可以增加药效,同时防治多种有害生物,又可以减少防治次数,增强防治效果,降低成本,提高效率。混用农药应遵循以下原则:一是要严格按照复混农药禁忌进行,不同品种的农药之间不能起化学变化,保证有效成分和杀虫效果不能降低,不能产生有害物质;二是在田间现混现用时,如果出现分层、絮状或者乳剂破坏,悬浮率降低甚至结晶析出等,就不能混合使用。

5. 合理轮换施药 即根据施药对象和时期,轮换使用不同种类和作用机制的农药,防止或者减缓有害生物产生抗药性,因为不同类型或作用机制的农药,对有害生物的作用位点和方式不一样,使有害生物的选择性不同,从而难以产生抗药性或减缓抗药性的产生。

二、甘薯药害解救措施

在甘薯生产中,病虫草害的发生直接影响甘薯的生长发育,从而影响甘薯产量和品质。而在对其病虫草害的防治措施中,离不开农药的使用,为了正确使用农药,有效地防治病虫草害,需要了解农药对甘薯的危害情况。

(一)农药对甘薯危害的原因

☞ 用量不当,使用浓度过高的药物,容易对甘薯造成一定的危害,这种危害不会在施药后立即显现,它会随着时间的推移,慢慢地积累在土壤之中,也可能对后期种植的作物产生一定的危害。

☞ 使用对甘薯敏感的农药,或在甘薯的用药敏感期用药,如在甘薯苗期及长势弱、耐药力弱时易产生药害。

☞ 受自然条件影响,高温、强光、高湿等环境条件,会使某些农药对甘薯产生药害。

☞ 使用质量不好的农药或储存条件差、储存时间过长的农药,会引起药剂变质,从而引发药害。

☞ 在加工和销售中,管理不严,剂量不准,误将不同药剂混淆,也会造成大面积

药害。

（二）农药对甘薯危害的症状

1. 急性型危害　一般是指在施药后几小时到几天内出现的药害，根部受害表现为根部短粗肥大，根毛稀少，根皮变黄或变厚、发脆、腐烂等；茎部出现变形扭曲，变粗变脆，表皮破裂；叶部出现叶斑、穿孔、焦灼枯萎、黄化失绿或褪绿变色、卷叶、畸形、厚叶、落叶等。另外，农药因药剂类型不同，造成的危害症状也不同，如烟雾剂主要危害症状是凋谢、落叶等，土壤消毒剂主要危害症状是薯块发芽不良、顶芽停止生长、缩叶、黄化叶等，除草剂主要危害症状是缩叶、黄化叶等。

2. 慢性型危害　施药后症状不立即表现出来，具有一定的潜伏性，对甘薯的影响是最大的，通常表现为植物矮化、畸形、生长缓慢，薯块产量低，风味、色泽、品质等恶化。

3. 残留型危害　这种危害的特点是施药后对当季作物不产生药害，而残留在土壤中的药剂，对下茬较敏感的作物产生危害，这种危害多在下茬作物种子发芽阶段出现，轻者根尖、芽梢等部位变褐或腐烂，影响正常生长，重者烂种烂芽，降低出苗率或完全不出苗。这种危害容易和肥害等混淆，可采用了解前茬作物的栽培管理情况及农药使用史来诊断，防止误诊。值得重视的是，近几年在麦薯轮作等种植模式中，麦季使用的除草剂易残留并危害到甘薯的生长，上年的玉米田、花生田等除草剂也可残留至翌年危害甘薯（图 4-31）。

图 4-31　除草剂药害

（三）农药对甘薯危害的解救措施

充分了解药剂性质，严格控制使用剂量和浓度，选择正确的配制和使用方法，对甘薯敏感的农药应禁用或慎用，在甘薯敏感期应慎用或降低浓度，高温、干旱、大风时不能施用，应合理安排种植结构，避免上下茬作物、邻近作物使用农药引起危害，对未使用过的农药先试用一下。甘薯发生农药危害后，可根据具体情况，采取以下补救措施：

1. 喷施中和剂　针对导致危害的药物性质，使用与其性质相反的药物进行中和缓解，如敌百虫等有机磷农药产生药害后，可喷施 200 倍的硼砂溶液 1~2 次。

2. 喷施生长调节剂　根据甘薯的需要,喷施叶面营养调节剂或者植物激素,促进甘薯恢复生长,减轻药害造成的损失。

3. 浇水排毒　因土壤施药过量造成的药害,可灌大水洗田,一方面满足甘薯根系的吸水需求,增加细胞水分含量,降低甘薯体内农药的相对浓度;另一方面灌水能降低土壤中的农药浓度,减轻农药对甘薯的毒害。

4. 追施肥料和叶面喷肥　甘薯发生危害后,生长受阻,长势减弱,若及时加强水肥管理,补充氮、磷、钾肥或腐熟有机肥,可促使受害植株恢复生长,增强甘薯生长活力。叶面喷施化肥吸收快,可根据甘薯需肥种类,用0.1%~0.3%磷酸二氢钾溶液、0.2%~0.3%尿素溶液、叶面宝、多效活力素、惠满丰等叶面肥进行喷施,以促进甘薯根系发育,尽快恢复生长。

第五章　甘薯主要气象灾害及防灾减灾技术

甘薯灾害主要由农业气象灾害、不恰当的栽培管理措施及病虫害等引起,大多数时候各种灾害存在着密切的关系。本章主要介绍由气象因素引起的灾害,包括高温干旱、涝渍、冷冻、冰雹等引起的灾害。高温干旱可抑制甘薯光合作用,加大蒸腾系数,抑制生长发育,致使生产潜力大幅下降。洪涝渍害对甘薯来说则会导致块根分化受阻,柴根、纤维增多,产量和品质受到严重影响。冷(冻)灾害除对产量有较大影响外,生长后期对甘薯安全储藏的影响也较大。雹灾轻者会把甘薯叶片砸烂,重者砸断茎蔓,同时,冰雹低温对叶片、茎蔓所造成的冻害和创伤,容易感染病虫害。

第一节　高温干旱对甘薯的危害与防灾减灾技术

一、高温干旱对甘薯生长的影响

甘薯生长最低温度是15℃,只有达到这个温度幼苗才能缓慢发根,当气温从20℃上升到27℃甚至是30℃的时候,发根的速度开始明显加快,新生的根数也变多。但是当气温过高,超过35℃时,甘薯生长速度就开始变慢,直至停止生长或死苗。河南省高温天气多发生在5~9月,集中在7~8月,此时,甘薯处于薯蔓并长期、薯块盛长前期,高温将对甘薯生长发育产生不利的影响。

高温多雨条件下,土壤中养分分解迅速,茎叶生长较快,甘薯地上部容易旺长,光合产物向块根转移减少,造成甘薯减产和块根干物质含量降低。并且,在高温高湿的环境下,容易发生甘薯斜纹夜蛾和甘薯天蛾危害,甘薯膨大后期容易形成病害。

图5-1　高温干旱对甘薯的危害

高温少雨条件下,高温和干旱会伴随发生,高温会加剧旱灾的发生,干旱会加剧高温对甘薯的危害。高温干旱对甘薯茎叶危害轻时,表现在茎叶长势不旺,茎蔓细、短,茎部节间变短,叶片卷曲,叶色淡绿、发黄,叶柄短,分枝变少,植株萎蔫,封垄延迟等;严重时,叶片变脆、脱落,甚至植株枯死(图5-1)。甘薯生长前期是对水分亏缺最敏感的时期,干旱会诱导块根木质化,造成单株结薯数减少。甘薯生长中后

期遇到高温干旱会降低光合产物的合成,同时干旱导致土壤机械阻力增大,限制了块根膨大,降低了土壤中氮钾养分的移动,影响根系对养分的吸收,不利于块根的生长发育和干物质积累,不仅降低了甘薯的产量,还会影响薯块的品质。

二、高温干旱防灾减灾技术

由于高温干旱常常给甘薯生产造成不同程度的伤害和损失,因此,应采取积极的预防和减灾措施,降低高温干旱对甘薯生产的影响。

(一)建设高温干旱预报信息系统

从整体上看,河南省高温干旱影响范围较广,大多数农村又缺乏必要的观测设备,难以及时、科学、准确地掌握高温干旱情况变化,加上气象长期预报精确度的限制,高温干旱预报的基础很薄弱。为了更加精准地预测高温干旱天气,可建设集高温干旱检测、信息传输、分析与决策于一体的高温干旱信息系统,实时监测高温干旱发生、发展过程,分析高温干旱程度、高温干旱发展趋势,掌握高温干旱动态,密切关注灾害性天气,完善天气预报预警系统,精细化检测和预报,实现高温干旱预报的精确性,从而提前做好防灾减灾准备。

(二)选用抗旱、耐高温品种

甘薯的不同品种间抗旱及耐高温特性也有较大差异,抗旱品种较一般品种根系发达,具有深而广的储水性和调水网络,受高温干旱后具有较强的水分补偿能力,在高温干旱情况下,能显著降低水分蒸腾,提高渗透调节物质代谢水平,以适应并降低干旱和高温对甘薯的伤害。抗旱品种有济薯 25、商薯 19、郑红 23、苏薯 8 号、郑红 22 等。

(三)调整种植密度和种植方式

适当降低甘薯种植密度,可以有效改善田间通风透光条件,减少植株间的光能、水分、肥料的竞争。通过培育壮苗提高抗御干旱高温的能力,减少逆境伤害。另外,种植方式的调整有利于调控密植群体的冠层结构,改善群体叶片分布,提高密植群体的光合速率,以提高群体抗高温干旱逆境的能力。栽插时采用抗旱留 3 叶栽插法,即将顶部 3 片展开叶露出地面,其余叶片埋入土内,这样不仅可以减少蒸腾,而且可以提供一定的水分,保证茎尖能够尽快返青生长,提高成活率。

(四)地面覆盖保墒

甘薯薄膜覆盖栽培可起到增温、保墒、抗旱、增产等作用。此外,将作物秸秆粉碎,均匀地铺盖在甘薯行间,可以减少土壤水分蒸发、增加土壤蓄水量,降低土壤和植株冠层温度,起到保墒抗旱的作用。

(五)适期灌水,合理施肥

灌溉能够提高土壤水分、降低冠层温度,通过改善田间小气候有效缓解因高温造成的不利影响。高温期间灌水可直接降低田间温度,为甘薯生产提供充足的水分,有效缓解高温胁迫造成的损害。施用有机肥能有效缓解根系衰老,叶片中充足的氮含量可提高光合作用,充足的钾可以提高细胞膜的稳定性、膨胀压及干旱条件下的甘薯水分潜力,后期补施钾肥可改善叶片气孔导度,提高叶片水分含量。此外,在高温干旱季节,用尿素、磷酸二氢钾或过磷酸钙及草木灰浸出液连续多次进行叶面低浓度喷肥,既有利于降温增湿,又能补充

甘薯生长所必需的水分和营养。

(六)应用保水剂

保水剂是对农用高吸水性树脂的统称,是一类功能性高分子聚合物,含有大量亲水性基团,利用渗透压和基团亲和力可吸收自身重量成百倍的水分。土壤中混入0.1%~0.5%保水剂,当土壤中水分多时,它能吸收大量的水;当土壤缺水时,又能释放出水,供植物吸收。甘薯可采用蘸根方法,将保水剂按1%~2%比例加水搅拌均匀,薯苗根部浸在保水剂中20分钟后取出栽种,此方法可防止根部干燥,提高幼苗抗逆性,延长甘薯萎蔫期,提高成活率。

(七)喷施生长调节剂

与抗旱有关的植物生长调节剂可以分为抗蒸腾剂、代谢抑制剂、化学助长剂、生长促进剂、蓄水保墒剂等,如萘乙酸钠、腐殖酸等有刺激植物生长的作用,可增强甘薯的抗旱能力,生长抑制剂(如脱落酸、赤霉素等)具有促进甘薯气孔关闭、抑制甘薯生长、诱导休眠、减少蒸腾等作用,可提高甘薯的抗旱、抗高温能力。

(八)防治病虫害,增强抗旱能力

甘薯病毒病等病害发生之后,植株抵御干旱灾害的能力变差,对甘薯生长等影响较大,应重视对病虫害的防治。减轻病虫害对甘薯植株的危害,增强植株对干旱灾害的抵抗能力,促使植株健康生长,要把握好两个关键时期:苗期和中后期。苗期,特别是栽种后几天内,甘薯易遭受地下害虫危害,必须及时进行防治,以保障成活率。中后期,甘薯地上部分茎蔓生长减退,气温高,食叶类害虫危害逐渐严重,只有防治害虫,保护叶片功能,才能增强抵御干旱灾害的能力。

第二节 洪涝渍害对甘薯的危害与防灾减灾技术

洪涝渍害为土壤水分过多对甘薯造成的伤害,也是河南省甘薯生产中的主要自然灾害之一,会对甘薯生产造成很大的影响。第一,洪水会造成撕破叶片、折断茎蔓之类的机械损伤。第二,水分过多会造成甘薯生理功能被破坏。第三,洪涝渍害前后多阴雨连绵天气,导致甘薯光照不足、光合作用弱,从而影响甘薯的生长发育。

一、洪涝渍害对甘薯生长的影响

甘薯生长适宜的土壤水分一般为最大持水量的60%~80%,土壤含水量若超过以上指标,会成为渍涝水害。过多的水分如果来自地下水,则为渍害;如果来自地表水而造成地面积水,则为涝害。

甘薯遭受洪涝渍害时,根系的矿质元素或者中间重要的代谢产物容易被淋溶丢失,造成植株生长势减弱,呈现营养元素缺乏症。田间长期积水还会形成缺氧环境,在氧气缺乏的情况下,有氧呼吸受到抑制,而无氧呼吸则会加强,产生乳酸、乙醇等有害成分,加速植株受害,在储藏过程中容易腐烂,并更易遭受细菌或真菌类病原菌感染。土壤中氧气含量降低,也会影响块根的形成及膨大,根系木质化程度明显增加,降低甘薯产量。而且,甘薯在

淹水环境下,植株体内的激素水平会发生变化,最显著的是乙烯含量大幅度升高,乙烯过高会抑制根系生长,引起叶片衰老和脱落(图5-2)。此外,淹水使甘薯体内的脱落酸含量上升,生长素和细胞分裂素含量下降,造成功能叶提前脱落,从而影响甘薯生长。

图5-2 洪涝渍害对甘薯的危害

洪涝渍害在降低甘薯产量的同时,也会改变其光合产物分配方向,从而降低薯块品质。受洪涝渍害影响的薯块,其硬度、干物质含量、蔗糖含量、淀粉含量、蛋白质含量以及薯脯加工后的色泽均显著下降,使其营养及加工品质降低。洪涝渍害的叶片中的多酚、维生素 C 等抗氧化物质含量也会降低。

二、甘薯洪涝渍害防灾减灾技术措施

(一)清垄开沟,排除积水

在容易发生洪涝渍害的甘薯产区,尽早抓好甘薯田水利工程的建设和保持,提前修好田间排水沟,做到排水流畅。对甘薯实行起垄栽培,利于雨水及时排出,以降低田间土壤含水量,使甘薯田有一个完整、畅通的排水体系,可有效预防洪涝渍害。当甘薯受涝时,应及时疏通排水沟渠,排出田间积水,或通过抽水泵外抽排水,快速降低薯田湿度,减少甘薯受淹时间。对于覆膜生产田块,应及时破膜,加速水分挥发,降低土壤含水量,以尽快恢复土壤容气性能,增加通透性。

(二)洗苗扶正

当洪涝灾害发生时,浑浊水层中的泥沙沉积在甘薯茎叶表面,妨碍叶片进行光合作用,故在水退时要利用退水洗苗,并且把被冲歪的薯苗扶正,使其正常生长。水退后,洪水中的漂浮物常在地势低洼处残留,如不及时清除,易导致甘薯病虫害的蔓延,甚至诱发人、畜传染病,因此,必须尽快将其集中起来销毁或填埋。

(三)中耕除草,培土散墒

受涝后的甘薯田,杂草生长快,土壤易板结、透气性差,容易因缺氧而影响甘薯生长。

苗期缺氧，根系生长不旺，枝叶不发，结薯个数减少；中期缺氧，茎叶徒长，只长小薯不结大薯；后期缺氧，薯块因进行无氧呼吸而导致腐烂。当甘薯田受涝后能正常作业时，应及时中耕松土、培土散墒，改善土壤的通气状况，增加昼夜温差，除去杂草，避免杂草与甘薯竞争养分、光照等资源，促进甘薯恢复茎蔓生长和薯块膨大。

（四）化控提蔓，控制旺长

在高温高湿的环境下，地上部茎叶会发生徒长的现象，消耗大量养分，影响块根膨大。可轻提沟中茎蔓，不要翻蔓，拉断纤维根或使须根离土，控制茎蔓旺长，同时可以晾晒垄土，改善土壤的通透性。同时，可根据旺长情况，采用多效唑、烯效唑等化学控旺剂适当进行控旺。

（五）适时追肥，恢复生长

追肥是提高植物抗涝性的有效途径之一。针对膨大期薯块，受淹后薯苗根系养分吸收能力差，特别是对钾肥的吸收功能，且长期雨水浸泡会带走土壤中的养分，可适当增施速效肥料。一方面改善薯苗根系良好的通气环境，促进新根再生，恢复植株的正常吸收及运输功能，改善钾素代谢机制，调节植株生长；另一方面补充土壤因淋溶而缺失的某些矿物质元素，促使甘薯尽早恢复生长。每亩可追施尿素 4～5 千克、硫酸钾 5～10 千克，也可喷施 0.3%硫酸钾或磷酸二氢钾溶液等叶面肥 2～3 次。

（六）防治病虫害，增强抵抗力

甘薯受洪涝渍害时器官受到损伤，抵抗力弱，在高湿的环境中容易受到甘薯根腐病、甘薯黑斑病等多种病虫害侵袭，且往往有加重趋势，因而，应做好病虫害测报，及时进行防治，减轻病虫害对甘薯植株的危害，促使植株健康生长，增强植株对洪涝渍害的抵抗能力。

（七）及时收获，科学储藏

甘薯苗淹水 24 小时内，受损害较小，淹水超过 72 小时，受损害较大，受淹后的薯块内木质化较高，如作鲜薯储藏，呼吸旺盛，生命力弱，容易在储藏时腐烂，一般腐烂率达 48%左右。因此，受洪涝渍害的甘薯地，应在晴天及时收获，避免冻害、雨淋等加重薯块伤害，收获后在室内摊放，及时切片晒干储藏，切忌作鲜薯储藏。

第三节　冷（冻）灾害对甘薯的危害与防灾减灾技术

冷（冻）灾害是严重的农业灾害之一，甘薯喜温怕冷，冷（冻）灾害使甘薯生理活动受到阻碍，严重时某些组织遭到破坏，造成甘薯减产或绝收。甘薯和其他谷类作物不同，没有明显的成熟标志，各地气候条件又悬殊，农民想获得更高产量，常常早栽和晚收，有时候突发降温或连阴雨天气，会造成甘薯遭受冷（冻）灾害。冷（冻）灾害会对甘薯的生长发育造成很大的影响，采取有效措施防御和应对冷（冻）灾害，对甘薯生产具有重要的意义。

一、冷（冻）灾害对甘薯的影响

冷（冻）灾害是河南省甘薯生产中的主要自然灾害之一，主要分为苗期冷（冻）灾害、收获期冷（冻）灾害、储藏期冷（冻）灾害。

苗期冷(冻)灾害包括育苗期和春薯栽插后受冷(冻)灾害,早春温度回升后,突然又遇冷空气,使薯苗受冷(冻)灾害,也称为"倒春寒"(图5-3)。轻者叶子受冷(冻)灾害死亡,但茎仍存活,可再发出新芽;重者彻底冻死,大田栽插的薯苗则需要重新补栽。薯苗只有在5~10厘米地温稳定在15℃以上,浅土层的地温达到17~18℃时才能栽插。当气温低于18℃时,薯苗生长缓慢,一切生理活动(如光合作用能力、养分积累和运转能力)都减退。当气温降至15℃以下时,甘薯开始停止生长,10℃以下持续时间过长则茎叶逐渐枯死。

图5-3　霜冻对甘薯的危害

收获期若温度下降过快,甘薯未及时收获,则容易遭受冷(冻)灾害。当温度低于10℃时,薯块易受冷害,持续10天以上时,薯块会受冷害进而发生生理性腐烂。当温度在0℃以下时,甘薯易受冻害,薯块内部细胞间隙结冰引起腐烂。受冷(冻)灾害的甘薯,在其入窖15天左右即开始腐烂。入窖后的冷(冻)灾害多发生在储藏中期或后期,此时河南省大部分地区正值严冬,室外气温常处在0℃以下,如果薯窖防寒保暖效果不好,窖内温度下降到10℃以下,时间长了就会影响薯块生命活动,进而发生冷(冻)灾害。薯块受冻初时皮色与健薯无明显差别,只稍失光泽,后期可看出薯皮略带暗色,无光泽,用手指轻压受冻部分有弹性感觉,剖开冻薯可见接近薯皮处的薯肉迅速变褐,不渗白浆,用手挤压渗出清水。而且,甘薯受冷(冻)后抗病能力较弱,易招致寄生菌寄生,造成腐烂。

二、甘薯冷(冻)灾害防灾减灾技术措施

冷(冻)灾害与气温周期变化影响有关,根据当地的气候特点及气象预报,采取必要的防御措施和减轻冷(冻)灾害对甘薯造成的影响,对于甘薯生产非常重要。

(一)选用耐寒品种,适时育苗和栽插

培育耐寒早熟甘薯品种,提高甘薯植株抗冷冻能力,是避免或减轻冷(冻)灾害的一项战略性措施。根据当地气候条件和生产需求,选择具有高产、优质及耐寒特性的甘薯品种,如豫薯10号、龙薯9号、郑薯20、徐紫薯8号等,确定合适的育苗、栽插时期,以便在低温敏

感期避开有害低温。

(二)覆盖地膜

春甘薯栽插时常遇到低温天气,为使甘薯不受低温冷(冻)灾害,减轻"倒春寒"的影响,可以在栽插时覆盖地膜。覆盖地膜不但可以增加地温,而且还能有效促进根系和薯苗生长,提高甘薯产量,一般覆盖地膜可以使春薯栽插期提前 10~15 天。生长后期,外界气温下降,覆盖地膜也能提高温度,防止早衰,有利于薯块膨大。

(三)做好田间管理,增强甘薯耐冷性

春甘薯要求适时早栽,为预防冷(冻)灾害的发生,可用天达壮苗灵 600 倍液等药液浸蘸秧苗,可较为显著地提高植株抗低温性能。春甘薯受冷(冻)灾害后,会导致薯苗死亡而发生缺苗,需要及时进行补苗,减少对甘薯产量的影响,补苗之后仍要注意查苗补缺,并对弱苗进行重点追施氮肥,以促进小苗迅速生长。中耕除草可以改善土壤空气、温度和湿度等状况,从而促进甘薯生长。中耕一般在甘薯封垄前,可以提高土温和增加昼夜温差,起到防冷抗冻的作用。薯苗受冷(冻)灾害后,可喷施磷酸二氢钾复配螯合氨基酸或芸苔素内酯等,减轻和缓解冷(冻)灾害带来的损伤,促进受害植株尽快恢复正常生长。此外,甘薯受冷(冻)灾害后,更容易感染病虫害,需及时进行病虫害防治。

(四)关注天气,预防冷冻

注意收听当地天气预报,当最低温度低于 5℃时,应及时采取相应的防冻措施,如苗床及时覆膜,有条件的可在棚外加盖毛毡等保温物。在早春温度较低时大田栽插的薯苗,也可以罩小拱棚。10 月气温变化较大,为了防止甘薯遭受霜冻等,必须及时注意天气变化,适时收获。当甘薯在储藏过程中寒潮频繁时,应做好甘薯窖的保温工作。

(五)适时收获

收获过早影响产量,收获过晚薯块易受冷(冻)灾害,气温稳定在 15℃时甘薯停止生长,此时开始收获,到 12℃时入窖结束。河南省大部分地区一般在 10 月中下旬收获,如果下霜后再收获,薯块易遭受冷(冻)灾害,影响甘薯储藏。因此,需在下霜前选晴暖天气上午收刨,当天下午入窖,如不能当天入窖,必须注意覆盖防冻,若留种田遭受霜冻,要剔除露出地面受冻的薯块。

第四节　雹灾对甘薯的危害与防灾减灾技术

雹灾即冰雹灾害,是我国重要的灾害性天气之一。雹灾出现的范围小,时间短,但来势凶猛,强度大,常伴有狂风骤雨。因此,雹灾往往给局部地区的农牧业、工矿业、电信、交通运输以至人民的生命财产造成重大损失。

一、雹灾对甘薯生长的影响

甘薯遭受雹灾后,危害主要有四个方面:一是砸伤,由于冰雹从几千米的高空砸向甘薯,轻者把叶片砸烂,重者砸断茎蔓;二是冻伤,高空下落的雹块,温度在 0℃以下,容易造成甘薯苗的低温冻害;三是地面板结,由于雹块的重力打击,造成农田土壤表层板结、透气性

差,影响块根膨大,使甘薯生长受到间接危害;四是冰雹低温所引起的叶片、茎蔓的创伤,使甘薯容易感染病虫害(图5-4)。

图5-4　雹灾对甘薯的危害

冰雹对甘薯生产造成的危害程度,主要取决于冰雹块大小、降冰雹强度、冰雹下降速度以及甘薯所处的生长期等。一般降冰雹时间越长、强度越大、冰雹块越大,对甘薯生产造成的危害也越大。在甘薯不同的生长时期,雹灾造成的危害程度也有所不同:若在育苗期间发生雹灾,将对薯块出苗及苗的生长造成危害,导致出苗差、苗长势变弱等现象发生,严重的对育苗棚等农业设施也会造成损害;若在甘薯生长前期发生雹灾,将对甘薯生长造成较大的直接或间接危害,轻者延迟发根还苗或分枝结薯,重者将造成死苗;若在甘薯生长中后期发生雹灾,将影响叶片光合作用和薯块干物质的积累。

此外,由于甘薯是以收获地下块根为主的无性繁殖作物,且耐逆性强,在相同危害程度的冰雹灾害下,相比水稻、小麦、玉米、棉花等地上结实的作物,甘薯受害程度要相对轻些,而且灾后恢复再生的能力也相对强些。

二、甘薯雹灾防灾减灾技术措施

(一)雹灾的预测

冰雹灾害是河南省常见的自然灾害,具有局部地区性强、历时短、受地形影响显著、年际变化大、发生区域广等特点,对人畜和农作物能造成极大的危害。雹灾的出现很突然,预报有一定的难度,但提前做好识别和预测,以便采取一定的防御或躲避措施减轻其对甘薯的危害是非常有必要的。

1. 感冷热　夏天早晨天气凉、潮气大,中午太阳辐射强烈,造成空气对流,易产生雷雨云而降雹,此外在下冰雹的前一天或当天,天气热得反常,使人感到好像在蒸笼里,这样的天气也容易下冰雹。

2. 辨风向　暖湿空气多从东南方向吹来,当风向转成西北风或北风,风力加大,冰雹即

随之而来。在春季如天气闷热，天色发黄，一两天后，风由阵性转为静止，就有可能下冰雹，冰雹来时风大而急，风向很乱且成旋涡，但雨不大，如下一阵大雨，冰雹一般会立即减弱甚至停止。

3. 看云色　冰雹云的颜色先是顶白底黑，而后云中出现红色，形成白、黑、红的乱绞的云丝，云边呈土黄色，黑色是因阳光透不过云体所造成的，白色是云体对阳光无选择散射或反射的结果，红黄色是云中某些云滴对阳光进行选择性散射的现象。有时雨云也呈现淡黄色，但云色均匀，不乱翻腾。

4. 听雷声　雷声清脆的炸雷一般不会下冰雹，如果雷声隆隆，拖得很长连续地响，声音又沉闷，像推磨一样，就会有冰雹，这是因为雹云中横闪比竖闪频数高，范围广，闪电的各部分发出的雷声和回声混杂在一起，听起来就有连续不断的感觉，仿佛是一连串雷声。此外，冰雹云来时还有一种吼声，是云中无数雪珠和冰雹在翻滚时与空气做相对运动所发出的声音，仿佛挥动细棒而发出的呼呼的声音。

5. 识闪电　冰雹云的闪电大多是横闪，横闪发生在云与云之间，竖闪一般发生在云和地面之间，下雹的机会少。

(二)雹灾的防御

目前，雹灾的防御主要包括避雹、防雹、消雹 3 种方法。

1. 避雹　雹灾经常发生的地点多数是山脉的阳坡和迎风坡，山麓和平原的交界地带、山谷地带、山间盆地、部分迎风口等，有些地方的群众把这类地方叫作"雹泉""雹窝"等。在这些雹害多发地点，雹害有其相对集中的发生时段，要合理布局甘薯生产，使甘薯最易受灾的生育期尽量错开雹灾多发期。由于甘薯生长无固定的生育期，可通过调整品种类型、栽植时间和收获期等措施来避开或减少冰雹灾害。

2. 防雹　对于经常发生雹害的地区，为了防止或减少雹害，应做到以下几点：第一，要注意改良生态环境，通过植树造林绿化荒山秃岭，减弱近地面急剧升温，控制积雨云的对流强度，改变冰雹形成的条件，使冰雹不易在该地区发生；第二，要尽量选择种植优良耐寒的甘薯品种，增强甘薯抗冰雹能力；第三，当听到气象预报要出现冰雹之前，育苗的苗床要搭棚防冰雹，有育苗棚的要提前进行检查、修理和加固。甘薯田间可采用垄沟灌水、茎叶覆盖、茎叶喷施防寒药液等保护办法。

3. 消雹　冰雹有其自身的发展规律，它总是在一定条件下，按一定规律形成的，如果我们采取一些人工办法影响和改变冰雹形成的条件，就可以使条件向不利于冰雹形成的方向转化。目前，人工消雹的方法主要有爆炸法和播撒催化剂法。

(1)爆炸法　用高炮、火箭携带碘化银炮弹并使用雷达、闪电计数器、高频电话等现代化仪器、设备识别冰雹云和指挥作业。利用强烈的爆炸作用干扰云中或云下上升气流，以减弱成雹能力。雹云中的上升气流在云的形成和发展中有着极其重要的作用，不仅给云中输送大量水分，提供水分条件，而且支持水滴、冰晶悬浮于云中，使之能不断增长，同时其空间分布使冰雹可以较长时间在云中上下翻滚越来越大。因此，爆炸直接或间接地影响上升气流，就必然在相当大的程度上影响云的聚集和冰雹形成。

(2)播撒催化剂法　当雹云开始形成时设法把碘化银、碘化铅或干冰等撒到云里，据计

算 1 克碘化银充分燃烧后,足可产生 1 万亿个冰晶核,它们随着云中气流上下翻滚快速增长,把云中的过冷却水滴分散凝结使其不能形成大雹块,从而消除其危害性,或在云的底部撒入石灰粉,这种石灰粉随气流进入云体后即把大量的水滴、水汽吸附在粉末上,也可以大大削弱冰雹的形成。

(三)雹灾的主要补救措施

对于遭受雹灾的甘薯,要尽快进行灾后检查,根据甘薯受灾轻重程度、所处生长阶段及生长状态等进行分析,及时采取积极有效的减灾救灾应急措施,将雹灾对甘薯生产造成的损失降到最小。目前一般采取的主要补救措施如下:

1. 移栽补苗　甘薯在发根返苗前,抗雹灾能力弱,受害重,且灾后易发生烂秧死苗,要逐块地、逐行检查受灾的甘薯,通过合理留苗和移栽补苗保住密度,此项管理一定要及时,否则会影响甘薯的产量。若甘薯在发根返苗后遭受雹灾,尽管蔓叶被砸烂,但是只要还留有拐子,不要翻种,及时加强田间管理,就能迅速恢复生长,获得较好收成。对受灾特别严重的地块,则要考虑是否翻种或间作套种其他作物。

2. 追施肥料　雹灾后,地上部分茎叶大量损伤,影响营养物质的合成和转运,根据苗情与生育期及时追施速效肥料,特别是氮素肥料,以改变薯苗营养条件,促使其迅速恢复正常生长发育。

3. 及时浇水　受雹灾危害的甘薯,根据薯田土壤墒情,结合施肥进行适量浇水,可充分发挥肥效,促进甘薯恢复生长。

4. 中耕松土　降雹时,经常有狂风暴雨,可造成土壤板结,地温明显下降。雹灾后应及时中耕松土,疏松土壤,改善土壤通气性,提高土壤温度,增强土壤保肥蓄水能力,以利于土壤微生物的活动,加速养分分解,促进甘薯根系生长及块根膨大。

5. 防治病虫害　甘薯遭受雹灾后,叶片和茎蔓受到创伤,恢复生长的枝叶幼嫩,容易受到病虫害的侵染,要及时防治病虫害,保证灾后甘薯健康、安全生长。

第六章　甘薯科学储藏技术

近年来随着人们生活水平的提高,消费者对新鲜、安全、高质量及常年食用甘薯的需求不断增加。甘薯由于皮薄、肉嫩,水分含量高达 65%~75%,收获后极易出现失水萎蔫、发芽劣变、腐烂变质等现象。据统计,我国每年因缺乏储藏条件或因储藏不当而导致腐烂损失的甘薯占总产量的 15% 以上,直接经济损失高达 150 亿元。甘薯科学安全储藏,可减少腐烂变质等损失,延长供应和加工期,提高甘薯品质及效益。因此,甘薯科学储藏技术是实现甘薯产后减损、保值、增值的重要技术保障。

第一节　甘薯科学储藏前的准备

一、储藏前对储藏窖的处理

储藏窖清洁卫生的环境条件有利于薯块储藏,否则容易造成病原微生物滋生并感染薯块,导致薯块腐烂。甘薯储藏前应将薯窖中的病薯残体、病土等清理干净并运到薯窖外,然后打开窖门通风换气。储藏前 10 天左右,应对储藏窖进行彻底消毒。储藏窖消毒时须注意:消杀处理时,应当紧闭储藏窖窖门和通风窗,结束后需要通风换气;消杀剂操作时,操作人员要注意个人防护,操作结束后,立即离开窖房,避免长时间皮肤直接暴露在消毒剂空间内,且操作时至少有两人配合;液体消毒时,推荐使用喷雾机,且避免药液喷洒在金属表面。储藏窖消毒一般采用化学消毒和臭氧消毒。

(一)化学消毒

1. 喷洒液体药剂　在窖内四周、顶部及地面喷洒 50% 多菌灵可湿性粉剂 500~600 倍液、50% 甲基硫菌灵可湿性粉剂 500~700 倍液、2% 福尔马林、40% 辛硫磷乳油 200 倍液、甲醛 50 倍液或甲醛与高锰酸钾混合液。操作时要注意安全,操作完迅速撤离,密闭窖房 48 小时以上,待通风处理 48 小时后方可进入。

2. 熏蒸法　采用硫黄等熏蒸,每立方米可用硫黄 15~50 克,把硫黄与锯末掺在一起,点着发烟,关闭门窗及通气孔,熏 1~2 天,然后打开门窗通风换气。

(二)臭氧消毒

利用臭氧发生器产生臭氧,对储藏窖的内部空间进行封闭消毒。臭氧无孔不入,消毒彻底,效果比较好。也可利用臭氧燃烧法消毒,封闭耗氧,抑制耗氧微生物的滋生、繁殖。

二、储藏前对甘薯的要求

(一)防破伤

根据当地气候条件确定适宜收获期。收获过早不仅影响产量,而且当时气温高,甘薯呼吸强度大,入窖后窖温很容易升高,降温困难,病害易繁殖蔓延;收获过晚薯块易受冻害。适宜的收获期是气温稳定在15℃时,此时甘薯停止生长,开始收获,到12℃时入窖结束。从气候上看,在下霜前入完窖为好。选晴天上午收获,在田间适当晾晒后,下午入窖,以防薯块遭受冷害或冻害。最好用塑料周转箱或条筐等装运,防止破伤。入窖甘薯要做到"四轻""五不要":"四轻"是指轻刨、轻装、轻运、轻放;"五不要"是指受霜冻的不要,带病斑的不要,严重断伤的不要,水浸薯块不要,收获后露地放置过久的不要。

(二)灭菌

薯块灭菌处理可预防黑斑病、软腐病等,主要包括药剂灭菌和高温愈合处理灭菌。

1. 药剂灭菌 一般采用50%多菌灵可湿性粉剂300~500倍液或甲基硫菌灵可湿性粉剂500~800倍液等浸薯灭菌,晾干后入窖。也可采用堆放后浇药水,或用硫黄、百菌清等熏蒸。

2. 高温愈合处理灭菌 高温愈合的目的是使伤口愈合,提高抗病能力,有利于安全储藏。适用于收获期间遇到阴雨天,土壤湿度大,短时间受冷或有外伤的甘薯。具体方法为,收获后入窖,将门窗封闭,利用加温设施均匀加热至35~38℃,保持3~4天,然后快速通风降温至10~15℃,空气相对湿度保持在80%~90%。高温愈合处理后一般不再搬动甘薯,防止造成新的创伤。高温愈合期间应适当补充新鲜空气,防止氧气缺乏及二氧化碳聚集。

第二节 甘薯科学储藏技术

一、甘薯科学储藏的主要影响因素

(一)温度

入窖储藏的薯块,当温度低于9℃时会受冷害,其生理代谢受损害,抗性降低,若软腐病等腐生病菌侵入,会引起烂薯。当温度超过15℃时,薯块发芽,消耗养分增多而降低品质。因此,甘薯储藏期的适宜温度为10~15℃。

(二)湿度

储藏期要求一定的湿度,以保持薯块的鲜度,窖内空气相对湿度控制在80%~90%为宜。当窖内空气相对湿度过低时,薯块内的水分便向外蒸发,致使薯块脱水、萎蔫、皱缩、糠心,食用品质下降;当窖内空气相对湿度过高时,会造成甘薯湿害,并导致病原菌繁殖,烂薯率上升。

(三)空气

当储藏窖内氧气和二氧化碳分别为15%和5%时,能有效抑制呼吸,降低养分消耗,延长甘薯储藏时间。在正常储藏条件下,薯块进行有氧呼吸,使窖内氧气减少,二氧化碳浓度升高。当二氧化碳浓度过高、氧气含量过低时,易导致薯块进行无氧呼吸,产生乙醇等有毒物质,造成薯块腐烂。因此,储藏窖内应注意适当通风换气,调节氧气和二氧化碳浓度至适当比例。

（四）薯块质量

薯块质量的好坏与储藏有密切关系。完好的健薯生命力强,耐贮性好。凡是受伤、带病、水渍、受冷害等薯块都应在入窖前剔除,否则病菌易侵染薯块,造成病害发生,影响甘薯安全储藏。此外,品种耐储性差别、栽植时间等也影响储藏的效果,一般夏薯比春薯较耐储藏。

二、甘薯科学储藏技术要点

（一）甘薯入窖及堆放

按照甘薯品种分类、分级等进行分区存放,储藏窖中间应留60~70厘米宽的走道,以利检查、散热和出窖。储藏量一般不超过整个储藏窖的2/3,装量过多不利于通风透气。堆放时轻拿轻放,由里向外,依次堆放。堆放方式主要有箱(筐)装薯块堆放、袋装薯块堆放和甘薯散装堆放。

1. 箱(筐)装薯块堆放 采用塑料筐、纸箱等装甘薯,堆放高度根据储藏窖的体积和通风性能而定,一般不超过8层,筐垛与窖顶距离不小于1米,与窖壁留5~10厘米空隙。走道两侧的薯堆过长时,应每隔3~5米留一个宽60厘米左右的间隙,便于散热和管理。

2. 袋装薯块堆放 薯块装入网袋、尼龙袋中,每袋15~25千克,过大的包装,会加大鲜薯装运和搬动过程中对薯块表皮的损伤程度。薯袋交错摆放,薯堆整齐、牢固,防止倒塌,以薯袋不超过6层、高度不超过2米为好。

3. 甘薯散装堆放 薯堆外侧用大薯块摆放整齐、坚固,薯堆较大时,用木条栅栏围拦薯堆,或将袋装甘薯放在薯堆外侧,里边堆放散装薯块,散装薯堆每平方米应设一个直径20厘米的通气笼(用枝条或竹条编成的筒状笼)。薯堆下面放一层秸秆或用木条支撑,薯堆离窖壁10厘米以上。

（二）甘薯不同储藏期管理要点

1. 前期 一般为甘薯入窖后1~30天。此时气温仍然偏高,薯块呼吸作用旺盛,释放出大量水分和热量,导致窖内气温升高,薯堆内散发的水汽和薯堆外的冷空气接触,会在薯堆表面凝结成水珠,这种现象称为"发汗"。在这种高温高湿条件下,薯块容易发芽,消耗养分,且易导致病害蔓延。因此,此期的管理应以通风、散湿、降温为主,使窖温不超过15℃,空气相对湿度保持在80%~90%为宜,待温度稳定在10~15℃时再封库。

2. 中期 一般为甘薯入窖后一个月至翌年立春前。这个阶段外界温度低,薯块呼吸作用弱,窖温容易下降,是薯块最容易受冷害的时期,管理上应以保温防寒为主。应随时注意天气变化,及时封闭门窗与通气口,使窖温不低于10℃,若遇寒流,窖温低于10℃时,应及时使用加温设施升温,使窖温始终控制在10~15℃。可采取在薯堆上盖干草的方法,在保温的同时还能防止薯块因被冷凝水滴湿而受湿害。

3. 后期 一般为立春至出窖前。2月初以后,外界气温逐渐回升,但早春气温多变,薯块经过长期储藏后,生理活动机能减退,对外界不良环境条件的抵抗能力差,中期受到冷害的薯块也多在此时发生腐烂。因此,此期的管理应以稳定窖温、适当通风换气为中心工作,窖内温度保持在 10~15℃,空气相对湿度保持在 80%~90%。同时,经常检查薯窖,如发现腐烂,应立即拣出,不可倒窖,以免增加病菌的交叉传染概率,造成更大的损失。

(三)甘薯科学储藏的注意事项

1. 储藏窖相关设施维护　甘薯储藏期间要检查储藏窖周围的排水情况,防止雨雪水、地下水渗入窖内;检查储藏窖结构,发现窖体裂缝、下沉等涉及安全的问题,及时处理;定期检查储藏窖内有无鼠洞,及时进行堵塞和灭鼠;经常维护储藏窖内照明、风机、温湿度监测和自动控制等设备,保证设备正常运行和使用安全。

2. 人员出入和薯窖管理　甘薯储藏期间要有专人管理,尽量减少外界人员入窖。管理人员要做好个人卫生,避免携带杂菌及病虫入内。间歇较长时,进入前要检验窖内二氧化碳含量情况,尤其是地下或半地下窖,如果二氧化碳积聚过多,就可能会导致窒息,危及生命安全。储藏窖内甘薯全部运出后,对空窖要进行及时清理。首先,清理地面泥土、杂物、残留薯块,以及墙面、地面甘薯腐烂留下的污渍;然后,进行消毒处理,消毒后封窖保管。雨季要经常查看窖内是否有渗水、过水或雨水倒灌等现象,发现问题要及时处理,并排除污水,进行通风干燥。

三、不同类型及用途的甘薯科学储藏技术要点

不同类型及用途的甘薯储藏的目的也有所不同:一般鲜食类品种是为了延长消费时间,解决淡季市场供应问题;淀粉及色素类品种是解决加工企业原料供应问题;种薯是需要长时间安全储藏以便解决来年育苗问题;菜用型甘薯一般用于短期储藏进行销售。因此,不同类型及用途的甘薯,在常规安全储藏管理的技术基础上,会有不同的要求。

(一)种薯科学储藏特性和要求

甘薯种薯一般种植较晚、生长时间短、薯块较小、水分含量高,当受到碰撞和挤压后,薯皮容易造成擦伤、破损,可能受到病菌侵害而腐烂。种薯对温度十分敏感,如果温度长时间处于 15℃以上,种薯不但容易发芽,而且由于呼吸旺盛,干物质消耗加快,抗病力降低;如果温度处于 9℃以下,长时间储藏又会发生冷害而引起腐烂变质。种薯对湿度也十分敏感,当空气相对湿度低于 80%时,种薯容易失水发生干缩糠心,淀粉加速分解,抗病力减弱;当空气湿度过于饱和时,又会引起窖顶滴水,导致病菌繁殖或发生湿害,从而发生腐烂,且易引起种薯"闷窖"。

甘薯种薯入窖储藏后,如果长时间不通风,就容易导致氧气浓度过低、二氧化碳浓度过高,从而影响薯块正常的呼吸,引起细胞组织乙醇积累中毒,抗病力减弱,时间久了也会发生腐烂。虽然种薯的产量随生长期的延长而增加,但生长期短的种薯相对生命力强、呼吸强度大、抗病性强,所以夏薯比春薯较耐储藏。在一定范围内,温度越高,湿度越大,病菌繁殖蔓延速度越快;种薯呼吸强度愈大,消耗营养物质越多,放出的水分、热量和二氧化碳愈多。如此反复,互相促进,造成种薯腐烂,引起烧窖。受损伤、有病的种薯呼吸强度明显高于完整种薯,产生的热量、水分、二氧化碳也越多,种薯腐烂也会越严重。

因此,甘薯种薯储藏温度一般控制在 10~14℃,空气相对湿度在 80%~85%,同时,应注意经常通风换气,防止氧气浓度过低和二氧化碳浓度过高。

(二)鲜食型甘薯科学储藏特性和要求

鲜食型甘薯一般薯块大小均匀,薯皮光滑,薯形好,水分及含糖量较高,口感好,效益好,因此延长鲜食型甘薯的安全储藏时间,日益受到生产者的重视。鲜食型甘薯的安全储藏是甘薯增收的主要手段之一,提高鲜食型甘薯的保鲜完好率,使薯块的保鲜期从常规的1~3个月,可以延长到6个月左右。优质鲜食型甘薯经过科学储藏保鲜,在冬春季节供应市场,一般可使甘薯增值1~3倍,若将精品甘薯再经精细包装,可增值3~5倍或更多。反之,如果鲜食型甘薯在储藏过程中管理不当,出现烂窖现象,则经济损失严重。因此,掌握鲜食型甘薯的科学储藏技术,是确保种植效益的重要措施之一。

1. 鲜食型甘薯储藏要点　鲜食型甘薯在储藏初期可溶性糖含量增加,储藏90~120天可溶性糖含量达到最高,口感较好,随后降低。可溶性糖含量随温度升高而增加,随湿度增加而降低。储藏中一般希望甘薯有一定的糖化,即增加可溶性糖的含量。因此,鲜食型甘薯储藏一般以通风、保温、散湿为主,薯堆内温度宜稳定在12~14℃。窖内储藏的适宜湿度因品种而异,易干缩的品种,窖内适宜空气相对湿度为85%~90%;含水量较大的品种,窖内适宜空气相对湿度为80%~85%;鲜食、加工兼用型品种,窖内适宜湿度为80%~90%。储藏期间,应减少进窖操作次数,防止病害侵染。

2. 销售应分批出窖,确保薯块不受冷害　保鲜的优质鲜食型甘薯准备上市时,要有计划地分批出窖。最好选择无风晴暖,气温高于9℃的天气出窖。低于9℃时,应边加温边出窖,以免出窖甘薯和窖内剩余的薯块受冻。为保证保鲜的薯块在出售时有良好的商品外观,出窖时操作人员仍要戴手套,轻拿轻放,尽量保护薯皮的完整。准备包装上市的甘薯出窖数量,应根据包装速度、运输量和市场日需求量来定,以当天出窖、当天包装、当天运完为好。包装车间的温度应不低于12℃,运输途中也应有保温、防风、防冻和防摩擦等保护措施。销售店的室温最好不低于9℃,力争3天内将当批甘薯销售完,确保甘薯质量完好。

(三)淀粉加工型甘薯科学储藏特性和要求

淀粉加工型甘薯主要用于生产淀粉、乙醇、乳酸等工业化产品。此类甘薯薯肉一般为白色,淀粉含量和单位面积淀粉产量较高,一般薯块淀粉率为16%~25%,且淀粉颗粒大,沉淀快;可溶性糖、蛋白质、果胶、灰分及多酚类物质含量低。一些高淀粉品种还具有一定的抗"糖化"、抗"褐变"等优良的加工特性和抗病抗灾性。

甘薯储藏期间,薯块内的淀粉不断分解为可溶性糖,使得甘薯中的淀粉含量下降,可溶性糖含量增加。甘薯储藏时间越长,淀粉损失越大,所以应在收获后尽快加工利用,最好在2个月内完成淀粉型甘薯的加工和直接利用,以减少淀粉转化成可溶性糖。薯块中淀粉与糖分的转化还与储藏温度和湿度有关,当储藏温度为10℃时,淀粉分解较快。因此,淀粉型甘薯储藏温度以12~15℃,空气相对湿度以80%~90%为宜。此外,生产上可选择淀粉含量高、分解慢的耐储藏品种,并探索甘薯储藏新技术,以延长储藏期,满足常年加工需求。因此,要严格控制甘薯的储藏期,保持甘薯淀粉的最佳含量。

(四)色素加工型甘薯安全储藏特性和要求

色素加工型甘薯富含花青素或胡萝卜素等营养物质,多用于加工彩色甘薯制品或提取天然色素物质。在甘薯花青素的纯化、加工及储藏过程中,其稳定性易受温度、pH、光照、抗坏血酸、氧气等因素的影响,引起色泽的变化。甘薯花青素含量会随储藏时间延长而下降,所以应在收获后尽快进行色素加工提取。储藏温度 10~12℃,空气相对湿度 85%~90% 时,花青素含量下降速度较慢。储藏期间注意通风换气,避免阳光直射,可延长储藏时间。

(五)菜用型甘薯安全储藏特性和要求

菜用型甘薯茎叶组织柔嫩,含水量高,较易脱水萎蔫。为保持较高的营养含量和品质,应及时采摘,采摘后直接上市或短期储藏后进行销售,也可以加工成高档蔬菜进行销售或出口。采摘一般应在无雨的下午,气温下降以后、结露以前进行,以免采摘后茎叶温度过高引起呼吸旺盛或茎叶带水诱发病害。茎叶采收应用剪刀轻微剪取,使剪口平整并轻拿轻放,减少外力挤压,以免使茎叶破碎、擦伤或断裂,最好用纸箱将茎尖向上整齐码放。采收后应尽量缩短储运时间,简化储运的中间环节。

甘薯茎叶采收后仍进行各种生理活动,进行呼吸作用,发生物质代谢和转化。要维持茎叶的品质、延长储藏时间,应创造适宜的储藏条件,控制不利因素。储藏温度和时间是影响甘薯茎叶营养成分及品质的重要指标。在一定温度条件下,随着储藏时间延长,维生素 C、蔗糖、氨基酸、蛋白质、粗纤维等营养元素的含量均呈下降趋势。在一定温度范围内,降低温度可以降低菜用甘薯叶片的代谢速率,保持茎叶的风味和营养,减缓营养物质的消耗,有利于保持茎叶的品质,延长储藏时间。

菜用型甘薯储藏温度一般选择在 4~5℃,可有效减缓营养物质的流失、延缓衰老、延长储藏期。如低于 0℃,会使茎叶结冰,细胞组织遭到破坏,茎叶软化,颜色变深,营养元素流失,失去食用价值;低于 4℃,部分茎叶会出现冷害问题。而过高的储藏温度,则会增强茎叶的呼吸消耗,加快营养元素分解,降低茎叶的食用品质,缩短储藏期。此外,在茎叶的外面套一层多孔的塑料包装袋(聚丙烯、聚酰胺等材质)或者一些专用的果蔬呼吸膜,保鲜效果会更好。

第三节　常见甘薯储藏窖(库)的类型及特点

建设甘薯储藏窖,要因地制宜,充分利用既有地形与设施条件以达到科学储藏保鲜的目的。一般应符合以下几点:一是要具有保温、保湿、通风并维持合适温、湿度的条件;二是要具备防水、防鼠、防盗功能;三是大型储藏窖需要方便机动车进出,简化装卸环节,减少装卸对薯窖温、湿度的影响;四是造价要考虑储藏量及储藏时间,性价比合理,长期运行成本低。河南省常见的甘薯储藏窖一般有棚窖、砖券窖、井窖、土窑窖、屋窖、智能保鲜库等。

一、棚窖

一般棚窖(图 6-1)有地下式和半地下式,规格大小通常根据土地面积、储藏量、建造成本等来定。半地下式棚窖,露出地面部分用土等打墙,在土墙上盖棚顶,棚顶可选择具有保温效果的材料。在较寒冷的地区多采用地下式棚窖,即窖身全部在地下,仅窖顶露出地面,其保温效果较好,可减少或避免薯块遭受冷冻害。窖顶或侧面设天窗及通气孔,用于通风换气和调节窖内温度、湿度。

图 6-1　棚窖

二、砖券窖

砖券窖永久坚固、储量大、易保温、易散热、管理方便、保鲜效果好。窖型从平面结构来看,分为全非字形窖、半非字形窖、直筒型窖等(图 6-2)。从立体结构来看,分为地下式、半地下式和地上式。一般来说,薯窖砖券拱顶上面封土后与地面相平的窖为地下式,拱顶封土部分在地面以上的为半地下式,储藏室和拱顶封土部分均在地面的为地上式。薯窖大小基本上可根据储量多少任意扩大或缩小。一般储量为 12.5 万~15 万千克,储藏室为 4~6个。若储量大时,可把储藏室数量扩大到 10 个以上,甚至总储量可达到 100 万千克以上。薯窖南北走向,东西排列,并排建造,窖顶设天窗。

图 6-2　砖券窖

三、井窖

井窖一般建造在背风向阳、土质坚实、地下水位低的地方,要避免低洼处往窖里面渗水。井窖一般直径在 1 米左右,深 5~6 米。井窖底部正中间留一土台,再从井底向两侧水平方向挖宽约 1 米、高 1.5 米左右的洞,挖进约 1 米以后再扩展成为储藏室。储藏室的大小可根据储藏甘薯数量的多少而定,一般高 1.5 米、宽 1.5 米、长 2~3 米的储藏室可储藏甘薯 1 500~2 000 千克。井窖口要比地面高出 30 厘米左右,以防雨水或雪水流入窖内。储藏室内垫厚度 10~15 厘米的干沙,其上堆放甘薯。储藏室装量应维持在 70%,以便留出换气空间,否则会因湿热加重腐烂。人员窖内管理时,要注意防止因窖内二氧化碳过高、氧气不足使人窒息。老式井窖散热、通风性较差,可通过增加气眼进行改良,即在每个储藏室窖顶挖一个气眼,根据外界气温情况及时封闭或打开气眼(图 6-3)。

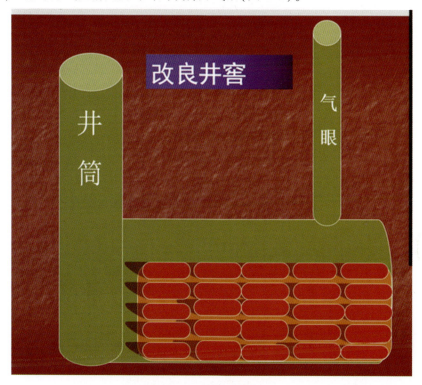

图 6-3　改良井窖示意图

四、土窑窖

土窑窖(图 6-4)适用于丘陵山区。选择土质坚硬的土崖,窖顶土层厚度不少于 3 米。先挖主通道,一般主通道宽 3.5 米,顶高 3 米,通道两侧不对称挖储藏室,每个储藏室宽 3 米、高 2.8 米、长 5~10 米,同侧储藏室门间隔 3.5 米以上。储藏室地面略高于通道地面,储藏室顶略低于通道顶,在储藏室顶部每隔 4~6 米由顶部地面向下挖一个直径 30 厘米的排气筒,窖口设缓冲间。

图 6-4　土窑窖

五、屋窖

屋窖(图 6-5)与普通房屋结构相似,但墙壁屋顶较厚,四周密封。可新建,也可用普通房屋、旧仓库等改建而成。新建时,要选择背风、干燥、向阳的地方。根据储藏量的多少,建窖容积可按每立方米储藏甘薯 600 千克的标准计算。薯堆高度以 2 米为限,宽度和长度可根据实际情况灵活掌握。若有加温设备,可进行高温愈合,防治黑斑病等病害。

图 6-5　屋窖

六、智能保鲜库

智能保鲜库(图 6-6)集高温灭菌、散热、加温、排湿、加湿、排水、监控等多功能于一体。智能保鲜库中间设通道,通道设排水道,两侧设储藏室。储藏室墙壁上安装加热、制冷设备。储藏室地面下设置环形水道，与通道的排水道相连接，地面铺架木条等，促进通风。储藏室安装加湿器、散湿器、温度感应器、湿度感应器，外侧墙壁上安装排气扇。保鲜库管理间安装温湿度、氧气和二氧化碳监视仪、控制仪等。该库自动化、智能化程度较高，可以实现周年、安全、高效储藏。

对于上述储藏窖(库)，都可安装基于物联网的甘薯储藏监控系统和自动化设备，方便管理人员实时监测窖(库)内环境参数，并远程控制和调整储藏条件，从而使得甘薯储藏管理更加智能化、自动化、高效化。

图 6-6　智能保鲜库

第七章　甘薯主要加工产品及生产技术

随着食品工业的快速发展,积极探索甘薯的开发利用,进一步延伸甘薯产业链条,对充分利用我国现有甘薯资源、不断壮大甘薯产业、提升甘薯产品附加值、促进一二三产业融合发展、助力乡村振兴等意义重大。围绕河南省甘薯产业发展现状,本章主要介绍了甘薯食品原料制品、甘薯淀粉及制品、甘薯发酵制品、甘薯休闲制品、甘薯饮料制品的实用加工技术,以期丰富甘薯产品结构与市场需求,形成完备的产业链,加速河南省甘薯产业的高质量发展。

第一节　甘薯食品原料制品

一、甘薯干

甘薯干富含碳水化合物、蛋白质等多种营养成分,同时还有调节血糖、降低血脂等功效,在各地都有广泛的市场需求。甘薯的干制工艺简单,是指将新鲜的甘薯采用去皮、切片、烘干等工艺制成。其中除常见的切片外,还可擦成薯丝或薯沫。

（一）工艺流程

原料选择→去皮→切片→脱水→干制→冷却→包装。

（二）操作要点

1. 原料选择　选择新鲜、无病虫害、品质良好的甘薯,以保证甘薯干的品质。

2. 去皮　将甘薯洗净后用刀或去皮机去皮,注意去皮时不要刮伤薯肉,以免影响口感。

3. 切片　将去皮后的甘薯切成厚约 0.5 厘米的薄片,过厚或过薄均会影响甘薯干的品质。

4. 脱水　将切好的薄片过水,去除表面的淀粉,然后用食品级脱水机去除水分。

5. 干制　将脱水后的干薯片进行干制,可以进行自然晾晒,也可以进行机械化干燥。烘干的温度和时间根据不同甘薯品种和加工需求而定,烘干温度过高会使甘薯干脆硬,过低则易发生霉变。

6. 冷却　将干制后的甘薯干进行自然冷却,以保证甘薯干质量。

7. 包装　将冷却后的甘薯干进行包装,一般采用食品级塑料袋或铝箔进行包装。包装要密封严实,在干燥、阴凉处储存,一般甘薯干保质期为 6～12 个月。

二、甘薯全粉

甘薯全粉是甘薯脱水制品中的一种。以新鲜甘薯为原料,经挑选、清洗、去皮、切分、护色、漂烫、冷却、烘干和粉碎等工艺过程得到除薯皮外全部干物质的粉末状产品,统称为甘薯全粉(图7-1)。

图7-1　甘薯全粉

甘薯全粉保留了甘薯原有的营养、色泽、风味,包含了新鲜甘薯中除薯皮以外的全部干物质,如淀粉、蛋白质、糖、脂肪、纤维、维生素、矿物质等,保健功能成分损失率极低,其甘薯利用率为85%~90%。复水后的甘薯全粉表现为新鲜甘薯蒸熟后捣成的泥状,并具有新鲜甘薯的营养、风味和口感,食用方便,易于消化吸收。

(一)工艺流程

原料选择→清洗→去皮→护色→刨丝→漂烫→冷却→烘干→粉碎→包装→成品。

(二)操作要点

1. 原料选择　原料收购装运过程应避免破皮,并做到通风透气,产地到加工运输的时间控制在10天内。原料要求新鲜良好,薯块大小均匀、光滑,无病虫害、无霉烂发芽现象。

2. 清洗、去皮　用清水洗净甘薯表面的泥沙,用削皮刀去除甘薯两端,削去表面薯皮,挖除表面根眼。

3. 护色　将已去皮的甘薯立即放入质量分数为0.5%的食盐溶液中,甘薯块完全浸没在护色液中20分钟左右。

4. 刨丝　将护过色的甘薯人工刨丝或送入刨丝机中进行刨丝,薯丝直径1~2毫米。

5. 漂烫　将甘薯丝放入95℃的温水中,漂烫2~3分钟。

6. 冷却　甘薯丝漂烫后立即放入流动冷水中冷却。

7. 烘干　将冷却后的甘薯丝或片放入烤房干燥,烘至水分含量小于12%。烤房温度70~75℃,干燥10小时,中间翻动2次。

8. 粉碎　将烘干后的薯丝放入多用粉碎机中粉碎,使甘薯粉的细度在80目左右。

9. 包装　在全自动包装机上将混合好的配料进行定量包装。包装箱要符合食品包装要求,用胶带封口,注明产品名称、净质量、规格、生产厂家代号和生产日期。

三、甘薯复合粉

甘薯复合粉是以甘薯全粉等为原料,并复配其他食品添加剂制成的一种制品。作为一种食品原料,甘薯复合粉可广泛应用在家庭、食堂及食品加工企业制作的馒头、面包、饼干等多种食品中。甘薯复合粉可以减少消费者购买大量食材和原辅料的麻烦,降低了对原材料的购买支出,还节省了混合制粉等时间。

(一)工艺流程

配料选择→配方优化→称重→混合→包装。

(二)操作要点

1. 配方优化　根据不同需求,明确甘薯全粉、小麦粉或其他原料粉及食品添加剂等成分的最佳配比。将甘薯全粉、小麦粉、酵母、盐(或糖)等原辅料按照常规烹饪方式进行蒸制或焙烤,得到较好产品质量的配方。

2. 称重　根据最优产品的配方,分别称取原辅料的重量。

3. 混合　将称好的原辅料在混合机器内充分搅拌、混合均匀,便于后期产品的烹饪加工。

四、速冻甘薯茎尖

速冻甘薯茎尖作为集营养、保健、天然、绿色于一身的蔬菜,深受人们喜爱,它可提高人体免疫力,促进身体健康。从中医角度来看,甘薯茎叶有补虚益气、健脾和胃、益肺生津、养肝明目、抗衰老等作用。速冻可使新鲜甘薯茎尖很大程度上保持其原有的色泽、风味及维生素含量,延长保质期。

(一)工艺流程

原料采摘→清洗→护色→漂烫→冷却→速冻→包装、冷藏。

(二)操作要点

1. 原料采摘　选取新鲜、嫩绿、无老叶、无黄叶、无虫叶的甘薯秧蔓和顶端10~15厘米段的鲜嫩甘薯茎尖,采用塑料篮散装,不浸水不捆扎,及时运输和加工,以免发生质变。

2. 清洗　甘薯茎尖利用流动水冲洗干净,除去尘土、泥沙等杂质。

3. 护色、漂烫　叶绿素等遇热容易褪绿,漂烫前需要进行护色处理,可采用碳酸氢钠溶液进行护色,保持嫩尖的鲜绿色泽。护色方法:在微沸条件下,用塑料吊篮将甘薯茎尖迅速置于含0.01%碳酸氢钠的溶液中漂烫5~10秒,达到半熟后立即送进预冷间。

4. 冷却、速冻　用流动的冷却水对甘薯茎尖进行冲洗,充分冷却至10℃左右后沥干水分。置入速冻机(冻结器平均温度-32℃)中迅速冻结至-18℃。速冻过程中需控制好甘薯茎尖最大冰晶生成区的冻结速度及时间,以免甘薯茎尖产生大冰晶导致叶组织细胞大幅度破坏,解冻后造成营养成分流失,失去其原有的鲜味及形态。

5. 包装、冷藏　采用定量包装,同时需速冻处理,包装规格根据实际需要而定,采用食品用塑料袋及防水外包装纸箱,打包捆扎,储藏温度需在-18℃以下。

加工后的成品形体完整,长短一致,无腐烂,无变色。成品中含铅≤1.0毫克/千克、砷≤0.5毫克/千克、铜≤1.0毫克/千克、汞≤0.01毫克/千克。农药残留需符合国家卫生标准。

五、干制甘薯茎叶

甘薯茎叶经保鲜加工后,经济效益显著,可内销或出口创汇,发展前景广阔。

(一)工艺流程

原料采摘→清洗→漂烫、护色→冷却、沥水→干燥→包装→成品。

(二)操作要点

1. 原料采摘　选取新鲜、嫩绿、无老叶、无黄叶、无虫叶的甘薯秧蔓和顶端10~15厘米段的鲜嫩甘薯茎尖,采用塑料篮散装,不浸水不捆扎,及时运输和加工,以免发生质变。

2. 清洗　甘薯茎尖利用流动水冲洗干净,除去尘土、泥沙等杂质。

3. 护色、漂烫　叶绿素等遇热容易褪绿,漂烫前需要进行护色处理,可采用碳酸氢钠溶液进行护色,保持嫩尖的鲜绿色泽。护色方法:在微沸条件下,用塑料吊篮将甘薯茎尖迅速置于含0.01%碳酸氢钠的溶液中漂烫5~10秒,达到半熟后立即送进预冷间。

4. 冷却、沥水　将漂烫过的甘薯茎叶立即移入5~10℃的凉水中,使甘薯茎叶的温度迅速降至10℃以下。捞起,利用离心机沥干水分。

5. 干燥　将沥干水分的甘薯茎叶进行干制。干制方法可采用自然干燥、热风干燥、冷冻干燥和远红外干燥等。

6. 包装、成品　将干制后的甘薯茎叶用塑料袋定量密封、精致包装。

第二节　甘薯淀粉及制品

一、甘薯淀粉

淀粉是甘薯的主要组成成分,占其干重的50%~80%。与谷类(玉米、小麦)淀粉相比,甘薯淀粉因其独特的特性被广泛应用在食品工业中,除制作粉丝、粉条、粉皮等外,还可制作成布丁、膨化食品等休闲方便食品。

甘薯淀粉指的是直接从甘薯薯块或甘薯干中提取的淀粉干物质(图7-2)。家庭作坊制作甘薯淀粉多以传统生产方式为主,随着技术的发展和工艺的改进,甘薯淀粉生产的机械化、自动化程度越来越高。根据生产工艺不同,甘薯淀粉生产可分为干法和湿法两种。制粉方法:干法制粉指以薯干为原料,先粉碎后浸泡的制粉方法;湿法制粉主要指鲜甘薯加工生产淀粉,也指以薯干为原料

图7-2　甘薯淀粉

先浸泡后粉碎制取淀粉的方法。干法制粉成本高,我国常用湿法制粉,其主要方法有酸浆法、流槽沉淀法、旋流分离法等。

（一）酸浆法

除淀粉外,甘薯淀粉浆液中还含有纤维素、蛋白质等成分。酸浆法甘薯淀粉加工是采用向甘薯淀粉浆液中添加酸浆的方法,酸浆中含有大量具有凝集淀粉颗粒能力的乳酸乳球菌,不仅可以加快淀粉颗粒沉降速度,还可解决浆液中蛋白质、纤维对淀粉的吸附作用,从而达到淀粉和纤维素、蛋白质分离的目的。

1. 工艺流程 原料选择→清洗、沥干→切碎→磨碎、过滤→对浆→撇缸、坐缸→撇浆、过滤→起粉→干燥。

2. 操作要点

（1）原料选择 选择高淀粉型甘薯品种,选择无霉烂、无机械损伤的甘薯。

（2）清洗、沥干 将甘薯先用清水浸泡1~2小时,然后人工进行翻洗,再用流动水冲洗,沥干水分、备用。

（3）切碎 沥水后的甘薯用切碎机切成大小为2厘米左右的薯块,利于磨浆。

（4）磨碎、过滤 将甘薯碎块送入石磨或金刚砂磨中,按照1∶（3~3.5）的比例加入水,磨成薯糊,然后将薯糊倒入孔径为60目的筛子中进行过滤。

（5）对浆 将过滤后的淀粉乳放入容器中,按一定比例加入酸浆和水,调节淀粉乳的酸度和浓度。酸度一定要适中,若酸度过大,会导致淀粉和蛋白质同时沉淀,不能分离彻底;若酸度过小,则蛋白质和淀粉均沉淀不好,难以分离。

根据生产经验,酸浆最佳pH为3.6~4.0,加入的酸浆量一般为淀粉乳的2%,加酸浆后淀粉乳的pH为5.6。若气温高,发酵快,酸浆用量可酌量减少。

（6）撇缸、坐缸 对浆后需静置20~30分钟,沉淀完成后即可进行撇缸。取出上层清水及蛋白质、纤维和少量淀粉的混合液,留在底层的即为淀粉。

往撇缸后的底层淀粉中加水混合后,再次使淀粉沉淀。在沉淀过程中,起酸浆发酵作用,称为坐缸。坐缸时应控制温度和时间。坐缸温度为20℃左右。坐缸发酵必须发透,在发酵过程中适当搅拌,促使发酵完成。一般坐缸时间为24小时,天热可相应缩短一些时间。发酵完毕,淀粉沉淀。

（7）撇浆、过滤 坐缸所生成的酸浆称为二和浆,即为酸浆法中主要使用的酸浆。正常发酵的酸浆有清香味,浆色洁白如牛奶。若发酵不足或发酵过头,则色泽和香味均差,效果不好。撇浆,即将上层酸浆撇出作为对浆之用。撇浆后的淀粉用筛孔为120目的细筛进行筛分。筛上物为细渣,可作饲料。筛下物为淀粉,转入小缸后需加水漂洗,然后放置约24小时,以防止出现发酵现象。

（8）起粉 当淀粉沉淀后,上层液体为小浆,可与酸浆配合使用,或作为磨碎用水。撇去小浆后,淀粉表面会留有一层灰白的油粉,可用水将其从淀粉表面洗去,洗出液可作为培养酸浆的营养物料。底层沉淀的即为淀粉,可用铲子取出,若有细沙黏附时,应将其刷去。

（9）干燥 起粉后得到湿淀粉。为便于储藏和运输,可用日光晒干或烘房烘干的形式将其干燥。

(二)流槽沉淀法

鲜甘薯淀粉加工因存在季节性、储运困难等因素,不能满足工厂周年化的生产,所以一般甘薯淀粉厂大都以甘薯干为原料进行工业化生产。

1. 工艺流程　甘薯干→预处理→浸泡→粉碎→筛分→流槽分离→碱、酸处理和清洗→离心脱水→干燥。

2. 操作要点

(1)预处理　因甘薯干在加工和运输过程中会混入各种杂质,因此在使用前必须进行清理。清理分干法、湿法2种,其中干法指的是采用筛选、磁选以及风选等设备进行清理,湿法指的是用洗涤机或洗涤槽进行清理。

(2)浸泡　为提高淀粉的白度和淀粉回收率,甘薯干需用石灰乳浸泡,即在浸泡的水中加入饱和石灰乳,浸泡液 pH 达到 10~11。浸泡时间约 12 小时,温度控制在 35~40℃。浸泡后甘薯片含水量为 60% 左右,随后用水淋洗去表面的色素和尘土。

(3)粉碎　粉碎是甘薯淀粉生产的主要工序之一,它直接影响到产品质量和回收率。通常用二次破碎法,首先将浸泡后的甘薯片随水进入锤片式粉碎机进行一次破碎、过筛、分离出淀粉后,再将筛上薯渣进行第二次破碎、过筛,破碎细度比第一次细些(增加淀粉得率)。注意在破碎过程中,粉碎机转速不能超过 3 200 转/分,转速过高会使甘薯干迅速升温,部分淀粉受热糊化,进而影响淀粉和粉渣的分离。此外,为了降低瞬时升温,可根据二次破碎粒度不同调整粉浆浓度,采用匀料器控制甘薯片的进料量,均衡粉浆,避免出现粉碎机过载的现象,也利于流槽分离。市场上也存在薯类浆渣分离机,可以通过两次分离来增加淀粉出品率。

(4)筛分　经粉碎得到的甘薯糊要进行筛分,分离出粉渣。筛分一般分为粗筛、细筛2次处理。粗筛使用的设备主要是平摇筛、六角筛、喷射分离机或曲筛,细筛使用的设备主要是平摇筛或喷射分离筛。使用平摇筛时,甘薯糊进入筛面,要求均匀过筛,不断淋水,淀粉随水通过筛孔进入存浆池,而薯渣留存在筛面上从筛尾排出。筛孔的大小应根据甘薯糊内的物料粒度和工艺来决定。如采用两次破碎工艺,则第一次和第二次筛分均采用 80 目尼龙筛,两次筛分所得淀粉乳合并,再用 120 目尼龙细筛进一步分离细渣,保证获得纯净的淀粉乳。注意在筛分过程中要及时清洗筛面,保持筛面畅通,以免影响分离效果。

(5)流槽分离　筛分后所得的淀粉乳,还需采用沉淀流槽,将其中的蛋白质、可溶性糖、色素等杂质除去。淀粉乳由较高一端流向较低一端时,由于淀粉与蛋白质相对密度不同,密度相对大的淀粉沉于槽底,蛋白质等胶体物质随汁水流至粉槽。沉淀的淀粉用水冲洗入漂洗池。

(6)碱、酸处理和清洗　为进一步提高淀粉的纯度,需对淀粉进行清洗,而在清洗过程中,需对淀粉进行碱、酸处理,其中碱处理的目的是除去淀粉中碱溶性蛋白质和果胶等杂质,酸处理的目的主要是溶解淀粉浆中的钙、镁等金属盐类。

淀粉的碱、酸处理和清洗均需在漂洗池内进行。首先,进行碱处理,碱处理是将 1 波美度稀碱溶液缓慢加入淀粉乳中,使其 pH 达到 12。同时启动搅拌器,以 60 转/分的转速搅拌30 分钟,充分混合均匀后静置沉淀。待淀粉完全沉淀后,排除上层废液,注入清水清洗 2

次,使淀粉浆液接近中性即可。其次,进行酸处理,酸处理多用盐酸。将工业盐酸缓缓倒入淀粉乳中,充分搅拌,使淀粉乳的 pH 为 3 左右,搅拌 30 分钟后静置沉淀,待淀粉完全沉淀后,排除上层废液,注入清水清洗,直至淀粉呈微酸性(pH 为 6 左右)。

(7)离心脱水　清洗后得到的湿淀粉含水量可达 50%~60%,用离心机脱水后含水量降到 38% 左右。

(8)干燥　湿淀粉经烘房或带式干燥机干燥至含水量 12%~13%。

(三)旋流分离法

旋流分离法是近年来迅速发展起来的提取淀粉的方法,原理是依靠高速离心来快速分离淀粉与其他物质。

1. 工艺流程　原料选择→清洗→破碎→除沙→浓缩脱汁旋流分离→精制提纯→真空脱水→气流干燥→包装。

2. 操作要点

(1)清洗　清洗是薯类加工的关键环节,也是直接影响淀粉品质的关键。可多种清洗手段综合使用,以达到更好的清洗效果,保障淀粉的净度和细腻口感。

(2)破碎　清洗后的甘薯通过螺旋输送机输送到破碎机中,可采用两级粉碎,首先使用切段机将甘薯进行预破碎处理,将其切成段,传送于锉磨机中,然后将物料进行锉磨破碎,充分粉碎原料,使结合淀粉尽可能游离,提高成品淀粉出粉率。

(3)除沙　甘薯破碎后,需要将一些杂质去除,保证甘薯的出粉率及纯净率。根据比重分离的原理,将淀粉乳用压力泵抽入除沙旋流器,以去除淀粉浆中的细微沙粒,进一步提高淀粉精度。

(4)精制提纯　采用旋流器组对淀粉进一步浓缩、精制,去除甘薯淀粉乳中的细小纤维、细胞液等杂质,提高淀粉质量。

(5)真空脱水　采用真空吸滤预挂原理对精制浓缩后的淀粉浆进行脱水,以达到干燥所需的水分含量(40%左右)。

(6)气流干燥　采用低温大风量气流干燥的方法,将湿料从送粉机进入干燥管,新鲜空气经散热器加热后与扬粉机送入干燥管的湿料混合,在风机动力的作用下,湿料悬浮于热气流中进行热交换过程,进而达到干燥的目的。

二、甘薯粉条(丝)

甘薯粉条(丝)因其品种多、色泽白、质地柔韧、味道鲜美,深受消费者的喜爱(图 7-3)。根据加工方法可分为传统手工工艺和机械化生产工艺,其中机械化生产工艺包括漏瓢式、涂布式和挤出式。

图 7-3　甘薯粉条

(一)传统手工工艺

1. 工艺流程　配料、选用→打芡→揉面→沸水漏粉→冷却→冻粉→晾粉→成品包装。

2. 操作要点

(1)配料、选用　色泽洁白、无杂质、无污垢、无霉变的纯甘薯淀粉。根据制作粉条的粗细不同,选料也不同,一般来讲,制作粗粉条所选用原料的淀粉含量比细粉条稍高。

(2)打芡　打芡是生产粉条的关键环节,其目的主要是把淀粉颗粒迅速黏结起来,使揉好的粉团形成有规则和一定强筋力的骨架。传统方法是将淀粉与水充分混合调成糊状,一般加入水的量是干淀粉重量的 9~11 倍,搅拌使淀粉颗粒完全化开,然后加热到淀粉变稠、透明、均匀即为打好的粉芡。

(3)揉面　俗称"搋面"或"和面"。和面可由人工或和面机完成,即打芡后,稍晾一会儿即可将加工的淀粉倒入盆内,边倒边快速搋和,上下翻搅(人工揉面 3 人为宜),直到搋匀揉透,粉料表面光滑、无疙瘩、不黏手,全盆上下没有干粉或芡汤为止。

(4)沸水漏粉　先将锅内的水加热,当水温适宜时,即可把揉好的面团装满粉瓢漏粉。当采用漏粉机生产粉条(丝)时,要先在锅上安装好漏瓢,当锅内水温为 97~98℃时,将粉团放在瓢眼上,压成细长丝状,直接落入锅内沸水中,即凝成粉条(丝)。注意在漏粉过程中,要调整漏粉机粉瓢与锅内水面的高度,使粉条(丝)直径达到所需的要求。另外在添加粉料时保持均匀,粉料不高于粉瓢的边沿,尽量减少漏粉机的振动,可保持加工成的粉条(丝)形状匀直、粗细一致。

(5)冷却　当粉条(丝)煮熟上浮时,要立即沿粉头顺序将粉条(丝)从锅中捞出,放入冷水内,以增加粉条(丝)的弹性。冷却后的粉条(丝)用竹棍捞起绕在木轴上,放到晾粉架上沥水,并置于高湿、阴凉的室内冷凝 12 小时。

(6)冻粉　经冷冻后的粉条(丝)易分散、无并条现象,且能增加弹性,因此高品质的纯手工粉条(丝)主要集中在冬季和初春制作。

(7)晾粉 当粉条(丝)被冻透后,要将粉条(丝)上的冰打掉,然后用温水(不冰手即可)将粉条(丝)上残留的冰雪搓洗掉,在室内沥水后挂在室外绳上晾晒(迎风地方最好),待80%粉条(丝)干后,把杖子上的粉条(丝)捆在一起,再把杖子抽出。

(8)成品包装 晾干后的粉条(丝)即可实现成品包装。

(二)机械化生产工艺

1.漏瓢式机械化生产工艺

(1)工艺流程 配料→打芡→和面(合芡)→抽气→漏粉熟化→煮粉糊化→冷却捞粉→切断上挂→冷却冷凝→冷冻→解冻干燥→(压块)包装→成品。

(2)操作要点 除传统手工工艺中提到的配料、打芡和和面外,还包括:

1)漏粉熟化 采用漏粉机生产粉条时,要先在锅上安装好漏瓢并调整好漏瓢与锅内水面的距离,当锅内水温超过95℃时,将粉团放在瓢眼上,压成细长丝状,直接落入锅内沸水中,即凝成粉条(丝),熟化后的粉条(丝)随传送带送至冷凝区域。

2)冷却冷凝 将糊化后的粉条(丝)通过喷淋冷水进行多次冷却处理,并通过分切设备切断挂起沥水。

3)冷冻 粉条(丝)沥水、冷却后,挂在不透风的冷库内,排列架好,进行冷冻。

4)解冻干燥 采用大风量低温干燥机对冷冻的粉条进行升温脱水,然后可将粉条(丝)放在圆形盒子内形成盘状或壁挂式,通过隧道式干燥机进行脱水干燥。

2.涂布式机械化生产工艺

(1)工艺流程 配料→调浆→涂布→糊化脱布→预干→冷却→老化→切丝成型→干燥→包装→成品。

(2)操作要点 涂布式加工工艺的主要特点在于:淀粉浆或淀粉糊是在完全糊化后再经过机械分切形成条状,然后经干燥形成粉条(丝)。

1)调浆 调浆前要进行打芡和和面,但所得淀粉糊需处于搅拌、流动状态,然后将淀粉糊均匀地涂在蒸汽加热板上进行糊化。

2)脱布 成形的淀粉片需在合适的作用力下完整地从平板上脱下,以保证后期粉条的完整性,减少次品的出现。

3)冷却 糊化淀粉片脱布后,应立即送入低温区域迅速老化,老化过程一定要彻底,否则在分切时会黏在刀具上。

4)切丝 老化后的淀粉片经过辊刀设备被竖切成适当尺寸的粉条(丝),分切尺寸要适宜,太小则会导致粉条不易出来。

5)干燥分切 粉条(丝)分切后进入干燥区域后,应采用低温大风量对粉条(丝)进行干燥,以便保持粉条(丝)原有的形状,然后进行冷风降温,待确定好粉条(丝)长度,再进行横切。

3.挤出式机械化生产工艺

(1)工艺流程 配料→打芡→和面→投料→熟化→挤出→切断→上挂→低温老化→干燥→包装→成品。

（2）操作要点 挤出式加工工艺中的熟化和挤出步骤同时完成，挤出后经过冷却、切断、上挂，同时完成低温老化和干燥的步骤，该方法操作简单，对原料要求不高，省去了煮粉工序，生产效率高、能耗低，但制出的粉条（丝）光泽、弹性相对较差。

除了配料、打芡、和面，主要技术要点还包括熟化和挤出。挤出式加工一般采用螺杆自熟式粉条机制作，淀粉面团的糊化和挤出成条的工序同时完成，其步骤主要是将含水量约40%的淀粉糊送到挤出机的工作腔内，在一定压力下运动，淀粉与螺杆间、腔壁间摩擦而产生热量，当温度达到一定值（淀粉的糊化温度）和时间后，淀粉糊化，同时经孔板的孔中挤出、冷却，即成粉条（丝）。

随着生产技术的发展，生产的各个环节能够进行连续化生产，一方面提高产品的品质及出品率，另一方面显著提高生产效率，减少人工成本，从原料处理到粉条（丝）基本能够实现连续化、机械化、自动化生产。

三、甘薯湿粉条

甘薯湿粉条是以甘薯淀粉为主要原料，经和浆、成型、冷却、冷藏或冷冻等工序，不经干燥而制成的条状或丝状产品（图7-4）。

图7-4　甘薯湿粉条（中国农业科学院　孙红男提供）

甘薯湿粉条与干粉条最重要的区别在于水分含量的不同。甘薯湿粉条在加工过程无需干燥，一般水分含量在40%以上，加工能耗低但不易储藏；甘薯干粉条需经干燥且水分含量一般在15%以下，易储藏，但干燥时间较长，能耗相对较高。食用时干粉条复水时间长，难以满足方便快捷的需求，而甘薯湿粉条口感爽滑、细腻，食用时方便快捷，深受人们青睐。

甘薯湿粉条的加工工艺主要包括：漏瓢式、涂布式和挤出式。参考粉条加工工艺，分切（浸泡）完不经干燥直接冷藏包装，具体加工工序也可根据实际需求调整。

四、甘薯粉皮

甘薯粉皮的味道纯正、清凉爽口,是颇受人们喜爱的下酒佳肴。

(一)工艺流程

甘薯磨浆→制粉→成型→晾晒→成品。

(二)操作要点

1. 甘薯磨浆　选择新鲜无害、无腐烂的甘薯为原料,洗净后剁成玉米粒大小的块状,用水浸泡 10 分钟后置于磨粉机中磨成浆。磨得越细越好,粗且不匀则淀粉出品率低。

2. 制粉　即提取淀粉。做法:"一个磨"(每批投料甘薯 60 千克为 1 个磨)的糊浆,加浆水(酵母液)15 升,清水 250 升,稀释成粥状,用 55~57 目的笸(或滤布)过滤至容器,沉淀 4 小时左右,去掉上层清水。每加 1 次水,即用木棒搅拌数分钟,第 4 次加水搅拌后再用 60 目的笸(或滤布)过滤,待水、细渣、次淀粉(黄色)和淀粉分层沉淀后,将上层水去掉,取出细渣、次淀粉,将淀粉沉入白布,将白布四角收拢吊起控水晾干,制成干粉坨备用。

3. 成型　吊粉皮的工具采用旋盘(采用铝皮或 SUS304 做成的、盘底略为外凸的圆盘,直径约 30 厘米,高 10 厘米)。操作时宜用 2 个旋盘,3 人流水作业,1 人烧开水,1 人抢旋,1 人晾晒。先将淀粉调制成粉糊状,然后用食用油擦旋盘,将其浮于开水锅内,舀一勺湿淀粉置于旋盘内,并用力旋转圆盘,使淀粉糊在离心作用下,由盘底中心向四周均匀摊开,同时受热且按底盘形状糊化成圆形后,连盘取出一起置于清水中,冷却后揭起即为粉皮。

4. 晾晒　将水粉皮置于制粉时的酸浆中浸泡 3~5 分钟,可脱去部分色素及表面黏性,并可增加光泽。然后将粉皮摊晾在铺有干净稻草的竹帘上进行晾干,期间翻转 1 次,使其两面干燥均匀,待水分含量干燥至 16%~17% 时,即可收藏包装。

五、酸辣粉

"河南酸辣粉"已经成为全国速食市场的一张亮丽新名片,全国超 80% 的酸辣粉是由河南省制造的。目前河南省境内已有 40 多家生产速食酸辣粉的企业,整体产业产值高达百亿规模,代表性品牌有丽星、豫道、嗨吃家、食族人、豫道食品、白象等(图 7-5)。

(一)参考配方

甘薯淀粉、食盐、羧甲基纤维素钠、单甘酯、魔芋胶、红辣椒、大蒜、姜、葱、大豆油、花椒、黄豆、榨菜、脱水蔬菜、醋。

(二)工艺流程

粉条包:甘薯淀粉→湿热处理→制浆→成型→保鲜老化→低温老化→灭菌包装。

油辣子包:备料→翻炒→调料→搅拌→冷却→包装。

调料包:备料(黄豆、榨菜、脱水蔬菜)→调配→称重→包装。

醋包:备料→称重→包装。

(三)操作要点

1. 粉条包制备

(1)湿热处理　将甘薯淀粉水分含量调节至 30%~40%,用保鲜膜封口,并于室温下放置过夜,再放入 100~120℃ 的干燥箱内 0~2 小时,待冷却后用粉碎机粉碎至 100 目。

图7-5 酸辣粉(河南豫道农业科技发展有限公司 提供)

（2）制浆 取经湿热处理后的甘薯淀粉按照3∶1比例加入纯净水中,混合均匀制成淀粉浆,然后向淀粉浆中加入2%食盐、2%羧甲基纤维素钠、3%单甘酯和0.5%魔芋胶,边加边用搅拌器搅拌,搅拌速度750~1 000转/分,搅拌时间0.5~1小时,得到混合浆。

（3）成型 将混合浆倒入粉条模具内蒸煮,蒸煮时间20~40分钟,蒸煮温度80~100℃,得到湿粉条半成品。

（4）保鲜老化 将湿粉条半成品放入保鲜室老化,保鲜室温度为25~30℃,时间为2~3小时。

（5）低温老化 从保鲜室内取出湿粉条成品,进行低温老化,老化时间15~50小时,老化温度-18~4℃,得到湿粉条成品。

（6）灭菌包装 真空包装粉条,得到粉条包。

2. 油辣子包制备

（1）备料 挑选优质、无霉变的红辣椒,除蒂后洗净晾干,将辣椒粉碎至20~40目,大蒜、姜、葱切丁处理。

（2）翻炒、调料、搅拌 称取适量大豆油,加热至110~130℃后,加入蒜丁、姜丁、葱丁炒香后捞出,加入辣椒粉,并控制油温在150~170℃,翻炒10~20分钟后起锅,加入少许花椒粉和食盐,并不断搅拌。

(3)冷却、包装 冷却后,包装成袋,每袋30克。

3. 调料包制备

(1)备料 按2:1:1比例称取黄豆、榨菜、脱水蔬菜,混匀。

(2)称重、包装 包装成袋,每袋12克。

4. 醋包制备 由8克山西老陈醋包装成袋。

第三节 甘薯发酵制品

一、甘薯醋

甘薯醋是河南省东部一带所特有的一种调味品,具有很好的食用和药用价值(图7-6)。甘薯醋是在甘薯结束乙醇发酵后接种醋酸菌进行醋酸发酵得到的,可以有效地避免糖和脂肪等能量物质在体内的过度积累,促进血管软化,控制血液胆固醇水平,维持体内 pH 平衡和正常代谢以及生理功能的稳定。

图7-6 甘薯醋(河南省农业科学院农副产品加工研究中心 提供)

(一)工艺流程

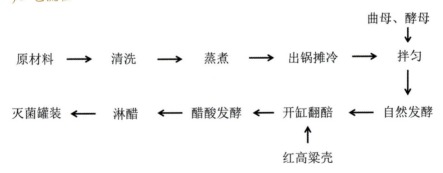

原材料 → 清洗 → 蒸煮 → 出锅摊冷 → 拌匀(曲母、酵母) → 自然发酵 → 开缸翻醅(红高粱壳) → 醋酸发酵 → 淋醋 → 灭菌罐装

(二)操作要点

1. 原材料　原材料品质好坏对发酵醋的质量、产量有直接的影响。选用成熟度好、含糖量高、无霉变、无病虫害的鲜甘薯,清洗沥干水分后备用。

2. 预处理　将甘薯清洗干净放入蒸煮锅,加水后进行连续熬制(加水量没过甘薯即可)。先大火熬制,待水沸后变成文火慢慢熬煮,直至水接近熬干出现黏稠状浆液为止。

3. 曲母制备　将麦子粉碎后,与甜瓜按一定比例搅拌均匀,含水量以紧握成团而刚滴水为宜,用麻叶包成1~2千克一团,挂在阳光下静置,3~4个月自然成曲。

4. 自然发酵　将曲母与酵母菌接入发酵罐中,由于营养丰富,并有少量的溶解氧,所以酵母细胞能够得以迅速繁殖,葡萄糖经过细胞内一系列酶的作用自然发酵。每天早晚搅拌2次,每次5~10分钟,30天后上层变稀呈金黄色有酒香即为自然发酵结束。

5. 醋酸发酵　自然发酵结束后开缸翻醅,拌入红高粱壳进入醋酸发酵。在醋酸菌的作用下氧化为乙醛,继续氧化为醋酸,此为甘薯醋生产的重要环节。该过程多为敞口操作,是多菌种的混合发酵,整个过程错综复杂。发酵过程中切记每天观察记录温度,一旦超过42℃就把醋醅翻拌一次,约15天时间醋醅温度不再上升,即为发酵结束。

6. 淋醋　淋醋采用3套循环法。将淋池、沟槽清洗干净,干醅要放在下面,潮醅放在上面,一般上醅量离池口15厘米,用上一批第2次淋出的醋液将醅池泡满,8小时后拔去淋嘴上的小橡皮塞进行淋醋,醋液流入池中,为头醋汁,作为半成品。第1次淋完后,再加入第3次淋出的醋液浸泡8小时,淋出的醋液为二醋汁,作为第一次浸泡用。第2次淋完后,再加清水浸泡8小时,淋出得三醋汁,用于醋醅的第2次浸泡。淋醋时,不可一次将醋全部放完,要边放淋边传淋。将不同等级的醋放入不同的醋池,淋尽后即可出渣,出渣时醋渣酸度要低于0.5%。

7. 巴氏杀菌　将淋出的生醋经沉淀后进行巴氏杀菌(温度设置为78~80℃,时间为20分钟),既可杀死病菌又能保持甘薯醋中营养及风味。生产中常见的醋类灭菌设备还有管式杀菌机,与其他种类的杀菌机相比有如下优点:自动化程度高,从设备的清洗、设备管道杀菌到物料杀菌整个过程可实现自动控制、记录;热效率高,物料加热后,90%的热能可以回收。

8. 成品　将杀菌加热后的醋冷却到70℃,打入醋罐1~6个月为宜,在此期间甘薯醋中多种有机酸和醇结合发生酯化反应,甘薯醋的风味显著提高。储存时容器上一定要标注品种、酸度、日期。

二、甘薯白酒

(一)鲜甘薯蒸煮生产白酒

研究表明,甘薯具有抗氧化,清除自由基、抗突变、抗癌以及降血脂、降胆固醇等作用。甘薯酒有着醇甜柔和、自然协调、余味爽净的特点,还有促进血液循环、溶血栓等功效。因此,将甘薯作为酿酒原料提升了甘薯附加值,市场前景广阔。

1. 工艺流程　原料选择→清洗切块→蒸煮糊化→打浆→液化→糖化→调整糖分→接种酵母→主发酵→过滤去渣→后发酵→澄清过滤→巴氏杀菌→装瓶→成品酒。

2. 操作要点

（1）原料选择　选择淀粉含量高、无霉变、无病虫害的鲜甘薯,在验收原料质量时,尽可能使杂质越少越好。

（2）蒸熟糊化、打浆　将洗净的甘薯切成 3~5 厘米大小的薯丁,加入 3 倍的纯水后,于100℃条件下保温 20 分钟,随后转移至组织破碎机中打浆制成甘薯浆液。

（3）液化　向甘薯浆中添加 0.1% 的 α-淀粉酶,调整 pH 至 6.0 左右,于 85℃下液化 60分钟,液化结束后灭酶。

（4）糖化、调整糖粉　液化后加入 0.15% 的糖化酶,调节 pH 至 4.5,于 55℃条件下糖化150 分钟,糖化结束后灭酶;淀粉水解程度 DE 值(葡萄糖值)为 70%,液化、糖化后的甘薯液中可溶性固形物含量为 9.1%。

（5）接种酵母、后发酵　接种酿酒酵母,控制主发酵时间 10 天,当发酵液中不再产生气泡时终止发酵。过滤去渣,倒罐,进入后发酵,时间 30 天。

（6）灭菌　主发酵完成后过滤,经 60℃条件下巴氏杀菌 30 分钟,装瓶即得到甘薯酒成品。

(二) 甘薯渣酿白酒

甘薯渣是以鲜薯为原料提取淀粉后的副产物,甘薯渣中的淀粉和膳食纤维含量很高,结构疏松,有利于蒸煮糊化。用甘薯渣酿酒,出酒率较高,甘薯渣副产品可以得到充分利用。

1. 工艺流程　原料选择→制浆→蒸料→加酒曲→发酵→装甑→蒸馏→二次发酵、蒸馏→三次发酵、蒸馏→白酒。

2. 操作要点

（1）原料选择　甘薯渣要求新鲜、无霉变、无病虫害、干净、干燥。甘薯渣有污染会对成品酒的质量有影响,所以,对甘薯渣要进行严格的筛选。酿酒前,将筛选好的甘薯渣粉碎成末,储于清洁、干燥、通风的房屋内待用。

（2）制浆、蒸料　在粉碎的甘薯渣内加 85~90℃ 的热水,搅拌均匀,直至甘薯渣足水而产生流浆,甘薯渣与水的比例为 100:70。在甑桶内蒸熟甘薯渣,蒸 80 分钟后,出甑加冷水,渣与水之比为 100:(26~28)。

（3）加酒曲、发酵　按渣曲比 100:(5~6) 的比例将蒸熟的甘薯渣与酒曲充分混合均匀。入池前料温为 18~19℃,发酵周期为 4 天,发酵过程中,温度控制在 30~32℃。

（4）装甑、蒸馏　发酵结束后,取料出池,料温不得低于 25~26℃。利用簸箕将取出的料装入甑桶,操作时要注意:装甑要疏松,动作要轻快,甑料要平整,盖料要准确。装甑完毕后,插好馏酒管,盖上甑盖,盖内倒入水,在整个蒸馏酒过程中,冷却水的温度大致控制如下:酒头在 30℃ 左右,酒身不超过 30℃,酒尾温度较高。经甑酒后,蒸得的酒为大茬酒。

（5）二次发酵、蒸馏　把甑内料取出,摊晾,在地上进行冷却。按上述数量加水、加曲,不配新料,入池发酵 4 天。入池料的温度及操作方法与之前相同,这次蒸得的酒,叫二茬酒。

（6）三次发酵、蒸馏　第二次蒸馏完毕,仍按前次操作,出料、摊晾、冷却、加水、加曲,入池发酵 4 天。这次蒸得的酒叫三茬酒。

此法酿酒整个生产周期为 12 天,原渣出酒率可达 47% 左右。用甘薯渣制白酒,一般仅需 3 个人、1 个甑桶即可。

三、甘薯酱油

(一)工艺流程

原料→蒸煮→加曲→配料→摊晾→发酵→配色→成品。

(二)操作要点

1. 蒸煮、加曲、配料、摊晾　将 50 千克甘薯干置于甑内蒸煮 2 小时左右,然后向蒸煮料上洒水至甘薯干均匀湿润,继续蒸煮 1 小时左右出甑,将甘薯干摊平冷却,其厚度为 4~5 厘米。当甘薯干温度降至 40℃ 左右时,加入黄霉曲(制黄霉曲的方法:将 1 500 克麦麸蒸熟后,加入60~80毫升蛋白质酵菌,搅拌均匀后置于曲盘中,经 4~5 天即成黄霉曲)、10 千克麦麸及 10 千克豆饼混合均匀后,摊平放(约 4 厘米厚),夏季放 4 天,冬季放 6~7 天,即为酱醅。

2. 发酵、配色　将酱醅破碎成粉状,装入布袋或麻袋内进行发酵,温度达到 50℃ 时,按比例(酱醅:水 = 2:1)将 70℃ 的水混入酱醅内,搅拌均匀后分缸装好。在料面上撒 1~2 厘米厚的食盐,把酱缸置于 70℃ 左右的温室内保温发酵。约经 24 小时,按比例(每 50 千克酱醅加盐水 80 千克)把水加入缸中搅拌均匀,置于 70℃ 的温室中保温发酵。经过 48 小时的发酵,可得白色的酱油 80 千克。如白色酱油需加色,可在 80 千克白色的酱油中加入 5 千克红糖搅拌均匀,或加 50 克焦糖色素即成带色酱油。

四、甘薯果酒

甘薯果酒是以甘薯为主要原料,添加果酒酵母发酵而成的。甘薯果酒具有浓郁的甘薯香气,乙醇度数低,同时其所含的花色苷、黄酮等保健成分能更好地发挥其功效,兼具保健功能,符合当今酒类的发展趋势,有着广阔的市场前景。

(一)工艺流程

原料选择→清洗→去皮→切分→蒸煮→打浆→护色→果胶酶酶解→液化→糖化→灭酶→调糖度、酸度→接种扩培后的酵母液→发酵→倒罐除酒脚→后发酵(陈酿)→澄清→除菌→灌装→成品。

(二)操作要点

1. 原料选择　为提升甘薯果酒的附加值,一般选用无病害和机械损伤、活性功能成分(如花青素、胡萝卜素)较高的紫甘薯或红心甘薯为原料。一般甘薯果酒的乙醇浓度以达到 10%~12% 为宜,考虑到原料调浆时需要加水稀释底物,一般需要甘薯原料中可发酵总糖浓度达 28% 以上。

2. 清洗、去皮　为避免薯皮中的果胶在蒸煮过程中分解产生甲醇,需对甘薯皮中的泥沙、霉坏部位彻底清洗、去除,并将甘薯去皮后再进行发酵,必要时需进行护色。

3. 切分　把甘薯切分成块,便于后续快速蒸熟,减少能耗和营养成分的损失。

4. 蒸煮　将洗净沥干的甘薯块放入蒸箱内进行蒸煮,直至熟透即可停止加热。

5. 打浆　将蒸煮后的甘薯块和水按照质量比 1 :（1.5~2）进行打浆，混合成均匀糊状。

6. 护色　在甘薯浆中添加一定比例的柠檬酸和抗坏血酸进行护色。

7. 果胶酶酶解　调节甘薯浆 pH，在最适温度下添加果胶酶进行酶解 1~5 小时，以降低甘薯浆的黏度。

8. 液化　在果胶酶酶解后的甘薯浆中加入液化酶（α-淀粉酶），在 80~90℃ 下对甘薯浆进行液化处理 15~90 分钟。

9. 糖化　调节液化过后甘薯浆的 pH，加入糖化酶（葡萄糖淀粉酶），糖化温度 50~70℃，糖化时间 0.5~1 小时。

10. 调糖度、酸度　调节甘薯发酵醪液的 pH 为 6，初始总糖浓度调节至 22%~25%。

11. 灭酶　将糖化结束后的甘薯浆在 80℃ 以上条件下保持 15 分钟进行灭酶，得到甘薯糖浆。

12. 发酵　菌种选择兼顾乙醇浓度和香气物质的微生物或者复合微生物。以 3%~5% 的接种量将活化扩培后的果酒酵母接种至甘薯醪液中，18~25℃ 发酵 7~10 天，直至无气泡产生。

13. 倒灌除酒脚　主发酵结束后倒酒，先用虹吸法移取上清液，下层酒液用高速离心机或板框压滤机分离。固液分离剩余的酒渣可作为果醋发酵的原料。

14. 后发酵（陈酿）　将酒液在 9~15℃ 陈酿 1 个月以上。

15. 澄清　采用硅藻土对酒液进行过滤澄清。

16. 除菌　将澄清后的酒液过 0.45 微米滤膜，以去除酵母菌和生产过程中可能引入的少量杂菌。

17. 装瓶　按规格装入深色玻璃瓶中，以防止氧化，密封。

18. 储存　放置于阴凉、避光、无异味、适当通风的环境。建议 1 年内饮用。

五、甘薯酸奶

甘薯酸奶是将熟化处理后的甘薯和乳品按一定的比例配合，用乳酸菌发酵而生产出的一种营养丰富、风味佳的大众化保健食品（图 7-7）。

(一)工艺流程

甘薯热处理→去皮→搅打→配料→均质→杀菌→均质→接种→分装→发酵→冷藏、后熟→检验→成品。

(二)操作要点

1. 甘薯热处理　将甘薯于 100℃ 下蒸煮 2 小时，去皮后搅打成泥状备用。

2. 配料　将 40 千克甘薯泥、30 千克脱脂乳、30 千克饮用水混匀，然后加上 6% 白砂糖、0.2% 琼脂、0.05% 黄原胶和 0.05% 单甘酯作稳定剂。

3. 均质、杀菌　将上述混合物于 16~18 兆帕的压力下进行均质，均质温度为 75~80℃。均质后的混合物于 90℃ 下保温杀菌 30 分钟，杀菌后根据上述条件再均质 1 次。

4. 菌种的培养及接种　菌种以嗜热链球菌和保加利亚杆菌联用为佳。培养方法：量取 1 000 毫升甘薯乳分装于 3 个 1 000 毫升的三角瓶中，于 108℃ 条件下杀菌 60 分钟后冷却至

图7-7　甘薯酸奶(江苏徐淮地区徐州农业科学研究所　孙健提供)

40℃。接种嗜热链球菌和保加利亚杆菌后,于42℃下发酵7小时,即得混合发酵菌种。在均质后的甘薯乳混合物中加入1%~2%混合发酵菌种。

5. 分装　选择大小、形状适当的瓶,装入混合料后,马上加盖。瓶和盖使用前均需预先灭菌。

6. 发酵　将装入混料的瓶移至45℃的恒温室发酵6~7小时,当酸度达到0.7%~0.8%时即可取出。

7. 冷藏、后熟　发酵完成的发酵乳移至4℃的冷藏室中成熟18~20小时,即为后熟。

8. 检验　后熟后的发酵乳取出后需进行感官、理化、微生物等指标的检验,待各项指标均达到要求即为成品。

第四节　甘薯休闲制品

一、低糖薯脯

薯脯,又称薯条、甘薯条,俗称地瓜干,是甘薯的糖制产品,属于果脯蜜饯类(图7-8)。制品具有甘薯特有的天然风味和蜜饯的甜香味,口感筋软香甜,外观晶莹透亮,质地韧性适中,适用于不喜欢浓糖口味的消费者。

随着人们健康意识的提高,高糖和高残留成为果脯蜜饯致命的缺陷,因此,低糖产品应运而生。与传统果脯蜜饯相比,目前产品的含糖量已得到大幅度降低。薯脯生产的技术含量不高,

图7-8　薯脯

工艺简单,生产成本低,投资规模可大可小,市场成熟稳定,投资风险相对较小。

(一)工艺流程

选料→去皮→切条(片)→护色→漂烫→浸糖→烘烤→分选→包装→成品。

(二)操作要点

1. 选料　选择完好的薯块,剔除带有虫眼、裂皮等不合格薯块。薯块大小以 250~500 克为宜,易于切分。薯块太大,切片易碎。以黄肉或橘红肉的甘薯为宜,紫肉甘薯以浅紫色为好,干物率一般为 22%~25%,粗纤维含量少者为佳。

2. 去皮　将选好的薯块清洗干净,用不锈钢刀去皮。

3. 切条(片)　沿薯块轴线方向纵切成片(厚度为 0.8~10 厘米),再切成条(断面为边长 0.8~1.0 厘米的正方形)。对于单个重量在 30 克以下的小薯块,可不切分,整体加工制作即可。

4. 护色　甘薯中多酚氧化酶等可致鲜切薯条发生褐变,可采用复合护色液进行处理。

5. 漂烫　漂烫是为了钝化氧化酶的活性及去除组织中的氧气。漂烫可沸水下料煮至熟而不烂,以掰开薯条断面无硬肉、无色差为宜。

6. 浸糖　将漂烫后的薯条放入浓度为 40%~50%(以折光度计)的糖液中,物料全部没入糖液。浸泡数小时,待薯条内外渗糖平衡,呈透明状即可。

7. 烘烤　糖渍结束后捞出薯条(片),用温水洗去表面糖液,沥干后将薯片(条)均匀摊在烤盘上,放于烘房内,在 50~60℃下烘 5 小时左右,再升温到 65℃烘 8~10 小时。倒换烤盘甘薯脯,使制品干燥均匀,再升温到 75℃,烘至甘薯脯不粘手、柔软但有韧性、含水量降到 18%左右时即可。

8. 分选包装　对于不规则薯片(条),先进行整形,然后按其大小、色泽进行分级称重,密封包装即为成品(最好采用真空包装,可延长货架期)。

二、冰烤薯

冰烤薯是以优质新鲜甘薯为原料,经清洗、焙烤冷却、速冻等工序制备而成的一种新型烤甘薯制品(图 7-9)。常见的烤甘薯产品加工过程不需要速冻,烤制后即可食用,加工能耗低,但不易储藏,受季节性影响较大。冰烤薯在烤制后需要冷却、速冻等工序,能耗较高,但能保持原有甘薯风味,口感好,可长时间储存,实现全年供应。

目前,冰烤薯产品在韩国、日本等国家已经形成规模化生产,深受消费者青睐。在我国,冰烤薯产品尚处于起步阶段,仅有少数企业生产,如好想你健康食品股份有限公司。此外,也有部分企业准备拓展冰烤薯业务,具有良好的市场发展前景。

(一)工艺流程

甘薯原料→筛选→清洗→烘烤→速冻→包装→冻藏→出库。

(二)操作要点

1. 筛选　初步筛选出没有病虫害、没有损伤的甘薯,根据大小进行分级。

2. 清洗　将选出的甘薯进行清洗,沥干水分。

3. 烘烤　将清洗好的甘薯放入烤制设备中烘烤,烘烤温度为 200~250℃,旋转速度为

图 7-9 冰烤薯(好想你健康食品股份有限公司 提供)

20~40 转/分,烘烤时间 30~90 分钟。

4. 速冻 将烘烤好的甘薯采用柜式液氮速冻设备,利用液氮分散制冷技术,在-100~-50℃温度下急冻 5~20 分钟。

5. 包装 将急冻过的甘薯进行定量包装。

6. 冻藏 将包装过的甘薯置于低于-18℃的冷冻库中冻藏。

7. 出库 甘薯进行外包装后即可出库。

三、原切型油炸甘薯脆片

原切型油炸甘薯脆片(图 7-10)是以甘薯为原料直接切片油炸得到的薯片,按油炸方式可以分为常压油炸薯片和真空油炸薯片两类。常压油炸的设备较简单,小型企业常采用常压油炸;真空油炸的设备价格昂贵,生产成本较高,大中型企业多采用真空油炸。油炸薯片因诱人的色泽、酥脆的口感和独特的风味深受广大消费者欢迎。

图 7-10 原切型油炸甘薯脆片(江苏徐淮地区徐州农业科学研究所 孙健提供)

（一）常压油炸甘薯脆片

1. 工艺流程 原料选择→清洗→去皮→切片（条）→护色→清洗→沥干→漂烫→冷却→脱水→常压油炸→脱油→调味→包装。

2. 操作要点

（1）原料选择 为便于切片，薯块大小适宜；肉色黄色或红色；干物质含量18%~25%，干物质含量适当低些，口感更为酥脆。

（2）切片（条） 以切片厚度为2~3毫米，切条断面为边长8毫米左右的正方形为宜。用护色液进行护色。

（3）漂烫 从护色液中捞出甘薯片（条），冲洗干净后于沸水中漂烫至70%~80%熟，捞出迅速置于冷（冰）水中冷却，再通过带强风的振动筛，将单个的甘薯片（条）分开，并将附着的水分吹干。

（4）油炸 漂烫、冷却后的甘薯片（条）输送到油炸机进行油炸，油炸后的甘薯片（条）输送到离心脱油机中进行脱油。

（5）调味包装 脱油后的甘薯片（条）要趁热调味，根据不同的产品需求添加不同的调味料。调味后的甘薯片（条）分选后进行包装，为避免氧化，最好充氮包装。

常压油炸甘薯片（条）生产过程中，油炸用油受光照、氧气、高温等外界条件影响，可能会发生一系列的氧化、水解、裂解和聚合等反应，导致氧化劣变品质降低。常压油炸薯片含油量高达30%~40%，会对人体健康产生潜在危害，研究如何降低含油量至关重要。

（二）真空油炸甘薯脆片

真空油炸甘薯脆片，是近年来较为流行的一种果蔬加工工艺，它是指将甘薯置于低温真空条件下，以棕榈油为介质进行脱水干燥加工而成，产品最大限度地保留了制品原有的色泽、风味及营养成分，如膳食纤维、黄酮类、胡萝卜素、B族维生素、丰富的矿物质等，并以其酥脆的口感、浓郁的甘薯香味，深受消费者喜爱。

1. 工艺流程 新鲜甘薯→清洗→去皮→切片（条）→真空油炸→脱油→调味→包装→产品→护色→烫漂→冷冻。

2. 操作要点

（1）原料要求 为便于切片，薯块应选择粗细适中、新鲜饱满、无霉烂、无病虫害和机械损伤的甘薯，干物质含量18%~25%，干物质含量适当低些，口感更为酥脆。

（2）切片（条） 以切片厚度为2~3毫米，切条断面为边长8毫米左右的正方形为宜。

（3）烫漂 沸水下料烫漂1~3分钟至熟而不烂。烫漂后立即捞出并投入冷水中冷却，以便冷冻。

（4）冷冻 冷冻温度要求-25℃以下，物料中心温度达-18℃左右，使物料中水分全部结晶。

（5）真空油炸 真空油炸作为最重要的环节，油炸温度及真空度决定了产品品质。真空油炸温度因物料不同而有所差异，一般在75~95℃，真空度一般控制在-0.095兆帕左右，真空度越高，水分汽化越快，脱水时间越短，产品酥脆性越好。

（6）脱油 真空状态下脱油能够最大限度地去除残油，降低产品的含油率，真空脱油后产品含油率一般在 20% 左右。实际生产中,真空油炸与脱油在一个设备中先后进行。

(7)调味　根据口感嗜好不同可添加不同口味的调味料。如烤肉味、烧烤味、番茄味、麻辣味、芝士味等。调味在调料机中进行,可使调料均匀,浓淡适宜。

(8)包装　因产品组织呈多孔状,很容易吸湿回潮,故需及时密封包装。为防止产品压碎,一般采用罐体包装或充氮包装,同时也可避免氧化。

甘薯脆片生产中,还有一项重要的工作——洗油。一锅油经过多次(一个班次)油炸后,油中溶解了很多物质及产生了很多脱落的残渣,严重影响产品的色泽及流动性,需要定期清洗,最好每班次清洗一次,更换产品时必须清洗,使生产持续进行。

四、甘薯茎尖罐头

新鲜的甘薯茎尖,营养成分丰富。据报道,每 100 克新鲜甘薯茎尖含水 81.7 克、粗蛋白质 3.56 克、粗纤维 4.10 克、粗脂肪 0.67 克、钙 81.2 毫克、磷 67.3 毫克、铁 10.37 毫克、胡萝卜素 3.61 毫克、维生素 C 25.0 毫克、维生素 B 10.06 毫克、烟酸 0.94 毫克,近年来受到广大消费者的青睐。目前,我国是世界第一甘薯生产大国,但作为蔬菜用甘薯茎尖,这一丰富资源尚未得到充分利用,尤其是在偏僻的丘陵地区和旱地,除部分作饲料外,大多不予利用,造成资源和经济浪费。因此,开发蔬菜用甘薯茎尖罐头意义重大。

(一)工艺流程

新鲜茎尖→清洗、剔拣→晾干→护色→漂洗→配料→装罐→排气、封罐→杀菌→冷却→检验→包装→成品。

(二)操作要点

1. 原料处理　选取无虫斑、无枯黄、无破损及老叶的甘薯秧蔓顶端 3~8 厘米段的鲜嫩甘薯茎尖,修剪整齐,用清水清洗干净后沥干水分备用。

2. 护色　将清洗干净后的甘薯茎尖置于常温的护色液中,按料液比 1:15 浸泡 18~24 小时,取出后用清水漂洗,直到叶面无粘手感,并沥干水分。

3. 配料、装罐　将沥干水分后的茎尖分级装罐,并注入 80~90℃的汤汁(花椒、大料、茴香、辣椒按 1:1:1:1 的比例添加到软化水中煮 5~10 分钟,加入 2% 的食盐、1% 的糖、10% 的植物油,用碳酸钠调节至碱性,保持温度 80~90℃,即成汤汁)。每罐固形物含量保持在 50%。

4. 排气、封罐　装罐后在 80℃ 条件下排气 10 分钟,然后封罐。

5. 杀菌、冷却　封罐后在 115℃ 条件下杀菌 3 分钟,快速冷却到 40℃ 以下,杀菌公式:(5′-3′-5′)/115℃。

6. 检验、包装　将破罐、涨罐、跳盖罐剔除后,抽样进行感官、理化及微生物指标检验,合格后包装即为成品。

7. 成品　整齐美观,茎尖青绿色,汤汁清亮,酸甜适中,鲜美可口,无异味,理化和微生物指标符合国家相关规定。

五、甘薯脆卷

甘薯脆卷主要用甘薯浆、面粉、淀粉、白糖、奶油、黄油等拌成糊,上机烤成片状,再卷成筒而成。色泽金黄偏红,质地松脆,呈海绵状,香味浓郁。甘薯脆卷以甘薯浆代替鸡蛋,既有甘薯的薯香味,又有酥脆的口感及诱人的色泽,深受广大消费者青睐。

(一)参考配方

甘薯浆 100 克、低筋面粉 40 克、黄油 65 克、白糖粉 40 克、磷脂 1 克、奶油 40 克、氧化淀粉 10 克、泡打粉 0.1 克。

(二)工艺流程

黄油、奶油加少许糖分别打发,加入面粉、白糖等辅料混合均匀。

甘薯原料→挑选→清洗→去皮→切块打浆→混料→机烤制→成型→冷却→包装→成品

(三)操作要点

1. 原料选择　选择淀粉含量高、无霉变、无病虫害的鲜甘薯,清洗去皮切块后打浆,冷藏室存放备用。

2. 奶油打发　将奶油、不锈钢盆和搅拌棒一起放入冰箱或冷藏室恒温 24 小时以上,但不能放在急冻室,否则容易导致奶油的油水分离。取定量的冷藏后的奶油,加糖后利用电动搅拌机高速打发,奶油会变得越来越硬,直到可以倒立而不下垂即可。

3. 黄油打发　将黄油放入干净的容器内,室温下融化。融化过程中可用橡皮刮刀将黄油切分成小块,加速融化,用刮刀或手指轻轻按压能够留下痕迹时开始搅打。加入少许糖粉后利用电动搅拌机低速略微搅打融化的黄油,至其混合均匀。然后调至高速搅打 3~5 分钟即可。

4. 物料混合　将打发后的奶油、黄油及其他干性物料混合搅拌均匀后加入甘薯浆,再行混合均匀,混合后的物料及时进行烤制。

5. 烤制　根据机器大小上物料,以均匀覆盖烤盘为主,烤制至色泽金黄,无水蒸气散发为宜。

6. 成型、冷却、包装、入库　根据需要卷成圆筒状、方块状等各种性状。成型冷却后包装入库。

六、烤甘薯肠

甘薯除富含淀粉和可溶性糖外,还含有蛋白质、脂肪酸、多种维生素、氨基酸及钙、磷、铁等无机盐类。在甘薯丰富营养的基础上开发的甘薯肠,是以甘薯为主要原料,蒸制后通过风味调配,装入蛋白肠衣后冷冻待烤。烤甘薯肠具有保质期长,便于携带,口感香糯甜等特点。

(一)参考配方

蒸甘薯泥 100 克,蜂蜜 50 克,奶油 25 克,黄原胶 0.4 克,单、双甘油脂肪酸酯各 0.2 克。

(二)工艺流程

甘薯原料→挑选→清洗→去皮→切块→蒸制→混料→加工成型→包装→冷冻→入库

（冷冻库）。

（三）操作要点

1. 原料选择　选择成熟好、淀粉含量高，无霉变、无病虫害的鲜甘薯，清洗去皮切块后蒸制，冷却后冷藏室存放备用。

2. 物料混合　将甘薯泥与上述物料充分混合均匀，但不过度搅拌。

3. 加工成型　混合均匀的物料进行灌肠或者制成其他需要的形状。

4. 包装、冷冻、入库　加工成型的产品包装后入速冻库进行速冻保存。

七、甘薯酥糖

酥糖作为传统的休闲零食，在消费者心中占有一席之地，更是春节必备品项。甘薯酥糖口感甜而不腻，酥脆可口，风味独特，既有甘薯的丰富营养，又有甘薯的特征风味，还增加了糖果类的品项，日益受到消费者的青睐（图7-11）。

图7-11　甘薯酥糖

（一）工艺流程

原料预处理→切粒（条）成型→护色→杀青沥水→浸渍漂洗→二次清洗→速冻→真空油炸→离心脱油→出罐冷却→黏合→包装入库。

（二）操作要点

1. 原料预处理　选择淀粉含量高、无霉变、无病虫害的鲜甘薯清洗、修整，去掉霉烂部分，去皮后切块。

2. 切粒（条）成型　根据生产需要切成大小均一的粒/条进行护色。

3. 护色　将成型后的甘薯浸渍于0.3%柠檬酸、0.06%抗坏血酸护色液中浸泡30分钟。

4. 杀青、沥水　护色后的甘薯粒（条）于95℃热水中热烫1~2分钟，迅速捞出至冷却池中冷却到20℃左右，然后沥水。

5. 浸渍、漂洗　将甘薯粒(条)置于25%麦芽糊精溶液中浸渍6小时,或者于真空浸渍条件下浸渍20分钟。

6. 二次清洗　用清水清洗表面糖液并沥水。

7. 速冻　将浸渍清洗后的甘薯粒(条)于-18℃条件下速冻24小时以上。

8. 真空油炸　将油温预热至110℃左右,装入物料后封闭系统,抽空,使得真空度稳定在0.095~0.10兆帕,启动油循环系统,将油炸室充入热油开始油炸,油温控制在90℃左右,时间约30分钟。

9. 离心脱油　油炸结束后应立即脱油,以免物料温度下降影响脱油效果。排除油炸室内的热油后,在真空状态下离心脱油,转速1 000转/分,时间3~5分钟。脱油后出罐冷却至室温。

10. 黏合　按照麦芽糖浆100克、白砂糖300克、水160克、黄油33克的比例配置成溶液进行黏合,并根据需要的形状进行成型。

11. 烘干　在55℃条件下烘干,冷却后即可进行真空包装。

12. 包装入库　冷透的物料应尽快用复合塑料薄膜充氮包装以防吸潮返软。将成品码入库内,防止挤压,层数≤8层,库温一般保持20~25℃。成品库要保持干燥,并做好防火、防尘、防蝇。

第五节　甘薯饮料制品

一、甘薯叶保健茶

甘薯叶是一种食疗功能显著的长寿菜,具有提高抗病能力、延缓衰老、美容、防癌、通便、降血糖、降血压、降血脂、补虚益气、健脾强肾、益肺生津、补肝明目等功效。甘薯叶保健茶气味芳香,口感优良,口味极佳,汤色不浑,老少皆宜。饮用甘薯叶保健茶可抗癌、抗衰老,防治糖尿病、冠心病、高血压、低血压,补虚益气,健脾强肾等。甘薯叶保健茶是用新鲜的甘薯叶和茶叶经过制茶工艺制成的(图7-12)。

(一)工艺流程

甘薯叶选择与预处理→杀青→烘干→拼配→粉碎、过筛→包装、检验→成品。

(二)操作要点

1. 甘薯叶选择与预处理　选择品种优良、新鲜的嫩甘薯叶,剔除虫蛀、虫斑、霉烂变质的茎叶。用清水漂洗,除去附着在茎叶上的泥沙等污物,利用机械或手工制成边长为0.5厘米的正方形小片。

2. 杀青　采用药液杀青。杀青药料一般用紫苏、陈皮,经过烘干、制末、纱布包装等熬制药液,然后将1.25%杀青药液喷洒在切碎的甘薯叶上,以使其多酚氧化酶钝化,减轻褐变。

3. 烘干　将上述处理好的甘薯叶在30~40℃的烘房中烘30小时左右,干燥至含水量

图 7-12　甘薯叶保健茶(江苏徐淮地区徐州农业科学研究所　孙健提供)

8%以下。

4. 茶叶复火　市售的茶叶一般水分较重,所以应投入炒茶锅内复火 1 次,炒制水分含量降至 6% ~ 7% 即可。同时也可使茶叶的风味得到提升。

5. 拼配　按下列配方进行加工:茶叶 59.4%,甘薯叶 40%,杀青药料 0.6%(喷洒在甘薯茎叶上)。

6. 粉碎、过筛　用粉碎机进行粉碎,要求粒度不能太大,粉末不能过多,用 16 目筛进行筛选,能过部分再用 60 目筛筛选,去除粉末。

7. 包装、检验　利用茶叶包装机包装成 50 ~ 250 克的袋装,密封,检验合格即为成品。

二、甘薯液体饮料

(一)甘薯叶保健饮料

1. 工艺流程　原料选择→清洗→切碎→煮汁→调配→灌装→杀菌→包装→成品。

2. 操作要点

(1)原料选择与清洗　选择品种优良、成熟适度的鲜嫩甘薯叶,剔除老叶、黄叶、虫蛀叶、腐烂叶、斑伤叶等。加工前需用清水洗净,沥干水分后备用。

(2)切碎、煮汁　将甘薯叶切碎后放入夹层锅内,加水煮沸 10 分钟,保持 65 ~ 70℃煮 1 小时左右,滤出汁液。滤渣再加水在微沸状态下或 95℃条件下煮 0.5 小时,滤出汁液,两次汁液合并即得浅黄绿色澄清液。

(3)调配　按 100 千克饮料计算,应配加甘薯叶汁 30%、蔗糖 6%、糖蜜素 0.03%、柠檬酸适量,调 pH 为 3.8~4.0,再加蜂蜜 0.2%,D-异抗坏血酸钠、乙基麦芽酚适量,羧甲基纤维素钠 0.1%。

(4)灌装、杀菌、包装 采用易拉罐,料液温度 85℃ 左右,搅拌均匀,及时灌装,真空度在 50 千帕以上。饮料灌装后及时进行杀菌,杀菌结束后迅速冷却,及时将罐上的水擦去,经过包装即为成品。

(二)甘薯饮料

甘薯饮料作为一种新型保健饮料,可使消费者在享受甘薯营养保健的同时,还可体验到食品的色、香、味,在国际上已备受青睐(图 7-13)。甘薯汁饮料是以新鲜甘薯为原料,不添加任何增香剂和人工色素,并保留甘薯的自然色泽和风味,同时具有甘薯的全部营养及保健功能。

图 7-13 甘薯饮料(江苏徐淮地区徐州市农业科学研究所 孙健提供)

1. 工艺流程 甘薯→挑选→清洗、去皮→切片→烫漂→打浆→酶解→离心分离→调配→均质→脱气→杀菌→灌装、冷却→成品。

2. 操作要点

(1)原料 选择肉质呈橙红色或紫色的甘薯做原料,选择完好的薯块,剔除带有虫眼、病虫害、裂皮等不合格薯块。

(2)去皮 将选好的薯块用清水洗净,用不锈钢刀或去皮机去除薯皮。

(3)切片 用切片机切成厚约 3 毫米的片,需要时可进行护色。

(4)烫漂 将洗净的薯片放入沸水中,以达到灭酶和杀菌的目的。

(5)打浆 烫漂后的甘薯片运送到破碎机中,按照 1:1 的比例加入清水进行打浆。

(6)酶解 在设定的温度下加入 α-淀粉酶、果胶酶进行酶解转化,以提高甘薯汁的糖度。

(7)灭酶 将经酶处理的甘薯汁,继续升温至 90℃,持续 10 分钟可灭酶,后迅速冷却至室温。

（8）离心分离　灭酶后的甘薯浆用高速离心机进行固液分离，即得到甘薯原汁。

（9）调配　在甘薯原汁中根据配方要求依次加入配料，搅拌均匀。

（10）均质　用高压均质机在 18~25 兆帕压力下，对调配好的甘薯饮料半成品进行均质处理，提高成品的稳定性。

（11）脱气　调配后的甘薯饮料送入脱气罐中进行脱气，防止维生素 C 等易氧化物质的氧化。脱气罐真空度为 90~94 千帕。

（12）杀菌　脱气后的甘薯饮料送入不锈钢杀菌锅中杀菌 25~30 分钟。

（13）灌装、冷却　当杀菌后的饮料温度降到 70~80℃ 时，在无菌条件下装入干净并消毒的容器中封盖并迅速冷却至室温，容器可以是玻璃瓶、易拉罐、塑料瓶等。

三、甘薯固体饮料

（一）甘薯速溶粉

1. 工艺流程　鲜薯→清洗→去皮→切块→护色→漂洗→干燥→筛分→包装→成品。

2. 操作要点

（1）原料　选择新鲜、成熟适度、无霉烂、无病虫害和机械损伤的甘薯作为原料，宜选黄心、红心或紫心甘薯品种。

（2）清洗、切块、护色　将甘薯原料用清水冲洗干净，工业化生产可用毛刷清洗机进行清洗，去除附着在表面的泥沙，然后进行去皮、切分，然后置于护色液中浸泡 20~40 分钟。

（3）干燥　将护色后的甘薯制备成薯泥或薯浆后进行干燥，可选滚筒干燥和喷雾干燥。其中使用滚筒干燥时，可将滚筒温度设为 120~150℃，调整好转速，料层厚度 0.2~0.3 毫米，薯泥经滚筒干燥成薄片后，由刮刀刮下进行收集，即可得到甘薯速溶全粉，此时产品含水率达 5%~8%。

（4）筛分、包装　按照预定要求将甘薯速溶粉进行粉碎或超微粉碎，并过相应目数的振动筛，经包装后即为成品。

（二）甘薯茎叶青汁粉

甘薯茎叶青汁粉是将新鲜甘薯茎叶通过新型制粉技术加工而成的一种粉末状制品，其色泽翠绿，且富含多种营养物质和功能成分，既可以作为固体饮料（图 7-14），也可以添加到馒头、面包、蛋糕等食品中，用途比较广泛。

1. 工艺流程　甘薯茎叶→清洗→切碎→灭酶→脱水→干燥→粉碎→成品。

2. 操作要点

（1）甘薯茎叶　选择品种优良、无病虫害、无霉烂、生长 3~4 个月的甘薯茎叶为原料，用流动的清水清洗并沥干水分。

（2）切碎　将沥干水分后的甘薯茎叶进行切分，长度为 1~3 厘米。

（3）灭酶　将切碎后的甘薯茎叶进行灭酶处理，灭酶处理方式可选漂烫处理、蒸汽处理和微波处理。其中漂烫处理是将切碎后的甘薯茎叶在沸水中漂烫 2~7 分钟，蒸汽处理是将切碎后的甘薯茎叶用 100℃ 及以上温度蒸汽漂烫 15~180 秒，微波处理是将切碎后的甘薯茎叶放入以 800~1 000 瓦微波炉中高火处理 2~3 分钟。

图 7-14　甘薯茎叶青汁固体饮料(中国农业科学院　孙红男提供)

(4)干燥　将灭酶后的甘薯茎叶,用离心机甩干水分,然后进行干燥,干燥方式可选择热风干燥、微波真空干燥、真空冷冻干燥等,其中热风干燥的温度设置为 50~60℃,时间为 12~15 小时;微波真空干燥的微波功率设置为 300~350W,真空度为-1.0~-0.95 兆帕,温度为 40~50℃,时间为 2~3 小时;真空冷冻干燥的温度设置为-56~-50℃,真空度是 40~45 帕,时间是 72~80 小时。

(5)粉碎　将干燥后的甘薯茎叶进行超微粉碎至 80~200 目,并过相应的振动筛。

(6)成品　按照预定要求,将超微粉碎后的甘薯茎叶进行包装,即为成品。

参考文献

[1] 戴起伟,钮福祥,孙健,等.中国甘薯加工产业发展现状与趋势分析[J].农业展望,2016,12(04):39-43.

[2] 郭青松.洪涝渍害对红薯的影响及防救措施[J].河南农业,2020(1):33.

[3] 《河南省农业科学院志》编委会.河南省农业科学院志(1909~2008)[M].郑州:中州古籍出版社,2009.

[4] 胡良龙,计福来,王冰,等.国内甘薯机械移栽技术发展动态[J].中国农机化学报,2015,36(03):289-291,317.

[5] 江苏徐州甘薯研究中心.中国甘薯品种志[M].北京:农业出版社,1993.

[6] 蒋小新.植保无人机在农业生产中的推广应用[J].现代农机,2023(03):3-5.

[7] 解备涛,李爱贤,朱佩群,等.高畦滴灌育苗法对甘薯萌芽性的影响及其技术要点[J].江苏师范大学学报(自然科学版),2022,40(3):27-29.

[8] 解备涛,汪宝卿,王庆美,等.甘薯地膜覆盖研究进展[J].中国农学通报,2013,29(36):28-32.

[9] 康志河,杨国红.高产、兼用型甘薯新品种郑91014-2的选育[J].作物杂志,2003,5:4.

[10] 李强,马代夫.甘薯防灾减灾技术[M].南京:江苏凤凰科学技术出版社,2022.

[11] 李强.甘薯产业关键实用技术100问[M].北京:中国农业出版社,2021.

[12] 刘亚伟.薯类淀粉生产工艺分析[J].农产品加工,2012(05):11-13.

[13] 刘洋洋,宋伟乐,司增志,等.甘薯采后储藏保鲜技术研究进展及展望[J].天津农业科学,2022,28(09):70-75.

[14] 马代夫,鄂文弟.甘薯储藏与加工技术手册[M].北京:中国农业出版社,2021.

[15] 马代夫,刘庆昌,张立明.中国甘薯[M].江苏:江苏凤凰科学技术出版社,2021.

[16] 马代夫.中国甘薯产业技术创新与发展[M].北京:中国农业出版社,2019.

[17] 木泰华,马梦梅,张苗.传统甘薯方便食品[M].北京:科学出版社,2021.

[18] 彭凤翔.河南甘薯品种资源研究与利用[J].河南农业大学学报,1987,21(1):118-126.

[19] 全国农业技术推广服务中心,国家甘薯产业技术研发中心.甘薯主要病虫害防治手册[M].北京:中国农业出版社,2021.

[20] 肖利贞.甘薯高产高效专家谈[M].郑州:中原农民出版社,1997.

[21] 王裕欣,肖利贞.甘薯产业化经营[M].北京:金盾出版社,2008.

[22] 杨国红,杨育峰,肖利贞.甘薯高产与防灾减灾技术[M].郑州:中原农民出版社,2016.

[23] 尹希彩,赵建刚,王克敏.甘薯生产全程机械化技术初探[J].农机科技推广,2023,No.246(04):33-35.

[24] 张立明,汪宝卿.甘薯高产高效栽培十大关键技术[M].北京:中国农业科学技术出版社,2015.

[25] 郑鹏,井水华,范建芝,等.甘薯脱毒快繁与工厂育苗技术[M].北京:中国农业大学出版社,2022.

[26] 中国农业科学院植物保护研究所,中国植物保护学会.中国农作物病虫害[M].北京:中国农业出版社,2014.

[27] 周雅倩,陆国权.水培观赏甘薯的栽培管理及其在家庭绿化中的应用[J].北方园艺,2012(22):83-86.

[28] 朱红,李洪民,张爱君,等.甘薯储藏期呼吸强度与主要品质的变化研究[J].中国农学通报,2010,26(07):64-67.